HISTOIRE

ANCIENNE

DE

ROLLIN.

9.

LAGNY. — Imprimerie d'A. Le Boyer et Cie.

HISTOIRE

ANCIENNE

DE

ROLLIN.

NOUVELLE ÉDITION,

ENRICHIE D'UNE NOTICE SUR ROLLIN.

TOME NEUVIÈME.

PARIS,

CHEZ PHILIPPE, LIBRAIRE,

RUE FURSTEMBERG, N° 8.

—

1835.

la confiance avec laquelle il s'abandonnait
à lui, répondit par une acclamation générale de joie, de louange et de reconnaissance, et sur-le-champ, d'un commun
accord, lui déféra l'autorité souveraine
avec le titre de roi ; et pour conserver à
jamais la mémoire de l'action mémorable
de Gélon, qui était venu dans l'assemblée
se mettre à la discrétion des Syracusains,
ils lui érigèrent une statue, où il était
représenté avec un simple habit de citoyen
sans ceinture et sans armes. Cette statue
eut dans la suite un sort bien singulier,
et digne des motifs qui la lui avaient fait
ériger. Timoléon, plus de cent trente ans
après, ayant rétabli la liberté à Syracuse,
jugea à propos, pour n'y laisser aucune
trace du gouvernement tyrannique, et en
même temps pour subvenir aux besoins
du peuple, de faire vendre à l'encan toutes les statues des princes et des tyrans
qui l'avaient gouvernée jusque là. Mais
auparavant il leur fit faire leur procès en
forme, comme on le fait à des criminels.
écoutant sur chacune les témoins et les
dépositions. Elles furent toutes condam-
nées d'un commun suffrage, excepté celle-

de Gélon, dont je parle ici, laquelle trouva un éloquent avocat dans la vive et sincère reconnaissance des citoyens pour ce grand homme, dont ils respectaient encore la vertu, comme s'il eût été vivant.

Les Syracusains n'eurent pas lieu de se repentir d'avoir confié une entière autorité à Gélon. Elle n'ajouta rien au zèle plus qu'il avait eu jusque-là pour leurs intérêts, mais le mit seulement en état de leur être plus utile; car, par un échange jusque-là inouï, et dont Tacite n'a vu depuis d'exemple que dans Vespasien, il fut le premier que la puissance souveraine ait rendu meilleur. Il donna le droit de bourgeoisie à plus de dix mille étrangers qui avaient servi sous lui. Ses vues étaient de peupler la capitale, de rendre l'état plus puissant, de récompenser les services de ces braves et fidèles soldats, et de les attacher plus fortement à Syracuse par le souvenir d'un établissement si avantageux qu'elle leur avait procuré en les adoptant au nombre de ses citoyens.

Il se piquait surtout d'une sincérité, d'une vérité, d'une bonne foi à garder sa parole qui était à l'épreuve de tout : qualité essentielle dans un prince, seule capable de lui attirer la confiance de ses sujets et des étrangers, et qui doit être regardée comme la base de toute bonne politique et de tout bon gouvernement. Ayant besoin d'argent pour une expédition qu'il méditait (il y a apparence que c'était avant la victoire remportée contre les Carthaginois), il s'adressa au peuple pour en tirer cette contribution ; mais voyant que les Syracusains avaient peine à se résoudre à prendre sur eux cette dépense, il dit que ce qu'il leur demandait n'était qu'un emprunt, et qu'il s'engageait à le leur rendre aussitôt après la guerre. Les sommes lui furent fournies, et il les rendit exactement au temps marqué. Quelle ressource pour l'état qu'une telle équité ! Quel malheur ! quel aveuglement d'y donner la plus légere atteinte !

Une de ses principales attentions (et en cela il fut imité par son successeur) était de mettre en honneur le labourage et la culture des terres. On sait combien la Sicile était un pays fertile en blé et quel immense revenu on pouvait tirer d'un fonds si riche en le cultivant avec soin. Il animait le travail par sa présence, et se

faisait un plaisir de paraître quelquefois
à la tête des laboureurs, comme dans d'autres occasions on l'avait vu marcher à la
tête des troupes. Son dessein n'était pas
seulement, dit Plutarque , de fertiliser et
d'enrichir le pays , mais encore d'exercer
ses sujets , de les accoutumer et de les
endurcir au travail , et de les préserver
par ce moyen de mille désordres qui sont
la suite inévitable d'une vie molle et oi-
sive. Il est peu de maximes , en matière
de politique , sur lesquelles les anciens
aient plus insisté que sur celle qui regarde
la culture des terres ; ce qui est une preuve
de leur grande sagesse et de la profonde
connaissance qu'ils avaient des solides
appuis et des véritables ressources d'un
état. Xénophon, dans un dialogue qui a
pour titre *Hiéron* , et qui traite du gouvernement, montre quel avantage ce serait pour un état si le prince était attentif
à récompenser ceux qui excelleraient dans
le labourage et dans la culture des terres.
Il en dit autant de la guerre, du commerce
et de tous les arts où l'honneur qu'on rendrait à ceux qui s'y distingueraient mettrait
tout en mouvement, exciterait une noble

et louable émulation parmi les citoyens, et ferait inventer mille moyens pour conduire ces arts à leur perfection.

Il ne paraît pas que Gélon eût été élévé comme l'étaient chez les Grecs les enfans des riches, à qui l'on apprenait avec grand soin la musique et l'art de toucher les instrumens. Peut-être fut-ce un effet de son peu de naissance, ou plutôt du peu de cas qu'il faisait de ces sortes d'exercices. Du jour qu'on présenta après le repas, comme c'était la coutume, une lyre à tous les convives, quand le rang de Gélon fut venu, au lieu de toucher cet instrument, comme avaient fait tous les autres, il se fit amener son cheval, monta dessus avec une légèreté et une grace admirables, et fit voir qu'il avait appris quelque chose de meilleur que de jouer de la lyre.

Depuis la défaite des Carthaginois en Sicile, toutes les villes y jouissaient d'un profond repos, et Syracuse surtout goûtait avec joie toutes les douceurs de la paix sous le sage gouvernement de Gélon. Il n'était pas de Syracuse, et cependant tous les Syracusains, si jaloux de leur liberté, s'étaient empressés de le faire leur

roi. Quoique étranger, la souveraineté le
vint chercher, sans autre brigue de sa
part que celle du mérite. Il en connut tous
les devoirs, il en sentit tout le poids. Il
ne l'accepta que pour l'avantage des peuples. Il ne se crut roi que pour défendre
l'état, que pour maintenir le bon ordre,
que pour protéger l'innocence et la justice,
que pour donner à tous ses sujets, par sa
vie simple, modeste, réglée, appliquée,
le modèle de toutes les vertus civiles. Il
ne prit pour lui de la royauté que les peines
et les soins, que le zèle pour le bien public, que la satisfaction sensible de procurer par ses veilles la tranquillité et le repos à des millions d'hommes; en un mot,
il ne regarda la royauté que comme un
engagement et comme un moyen de rendre plus d'hommes heureux. Il en bannit
la pompe, le faste, la licence, et l'impu-
nité de faire le mal. Il ne voulut point paraître régner; mais il se contenta de faire
régner les lois. Il ne fit jamais sentir à ses
inférieurs qu'il était le maître; il leur fit
seulement comprendre qu'eux et lui devaient céder à la raison et à la justice.
Pour se faire obéir, il aimait à n'employer

que la persuasion et le bon exemple, qui sont les armes de la vertu, et qui produisent seuls une obéissance sincère et constante.

Une vieillesse respectée, un nom chéri et révéré par tous ses sujets, une réputation également répandue au-dedans et au-dehors, ont été le fruit de cette sagesse conservée sur le trône jusqu'au dernier soupir. Son règne fut court, et ne fit que le montrer à la Sicile, pour donner dans sa personne le modèle d'un bon et d'un véritable roi. Après avoir régné seulement sept ans, il mourut, infiniment regretté de tous ses sujets. Chaque famille croyait avoir perdu son meilleur ami, son protecteur, son père. Le peuple lui érigea hors de la ville, dans l'endroit où sa femme Démarète avait été ensevelie, un superbe monument, environné de neuf tours d'une hauteur et d'une magnificence extraordinaires, et lui décerna les honneurs qu'on rendait alors aux demi-dieux, appelés autrement *les héros*. Les Carthaginois, dans la suite, abattirent ce monument, et Agathocle ces tours : mais, dit l'historien, ni la violence, ni l'envie, ni le temps qui ruine tout, n'ont pu détruire la gloire de son nom, ni abolir la mémoire de ses grandes vertus et de ses belles actions, gravées par l'amour et par la reconnaissance dans le cœur des Siciliens.

11. HIÉRON (Av. J.-C. 472.) Après la mort de Gélon, le sceptre demeura encore dans sa famille près de douze ans. Hiéron, l'aîné de ses frères, lui succéda.

Il faut, pour concilier les auteurs au sujet de ce prince, dont les uns le donnent pour un bon roi, d'autres pour un tyran odieux; il faut, dis-je, distinguer les temps. Il y a beaucoup d'apparence qu'Hiéron, dans les commencemens de son règne, ébloui par l'éclat de la puissance souveraine, et corrompu par les flatteries des courtisans, prit à tâche d'abord de s'écarter de la route que son prédécesseur venait de lui marquer, et dont il s'était si bien trouvé. Ce jeune prince était avare, violent, injuste, et ne songeait qu'à satisfaire ses passions, sans se mettre en peine de s'attirer l'estime et l'affection des peuples, qui, de leur côté, avaient une extrême haine pour un prince qu'ils regardaient plutôt comme un tyran que comme un roi.

Il n'y eut que le respect pour la mémoire de Gélon qui les empêcha d'éclater.

Quelque temps après qu'il fut monté sur le trône il conçut de violens soupçons contre son frère Polyzèle, dont le grand crédit qu'il avait dans la ville lui fit craindre qu'il ne songeât à le détrôner. Pour se défaire sans bruit d'un ennemi, selon lui fort dangereux, il voulut le mettre à la tête de quelques troupes qu'il envoyait au secours des Sybarites contre les Crotoniates, espérant qu'il périrait dans cette expédition. Le refus que fit son frère d'accepter ce commandement l'aigrit encore davantage contre lui. Théron, qui avait épousé la fille de Polyzèle, prit le parti de son beaupère. Il y eut à ce sujet de grands et de longs différends entre le roi de Syracuse et celui d'Agrigente : mais à la fin ils s'accommodèrent par la sage entremise du poëte Simonide; et, pour rendre leur accommodement durable, ils le cimentèrent par une nouvelle alliance. Hiéron épousa la sœur de Théron. Depuis ce temps-là les deux rois vécurent en bonne intelligence.

Une santé d'abord assez infirme, et éprouvée par de fréquentes maladies, laissa à Hiéron le temps de faire des réflexions, et lui fit naître la pensée d'appeler auprès de lui des personnes savantes, capables de l'entretenir agréablement, et de lui donner d'utiles instructions. Les plus célèbres poètes de son temps se rendirent à sa cour : Simonide, Pindare , Bacchylide, Épicharme ; et l'on prétend que la douceur et les charmes de leur conversation ne contribuèrent pas peu à adoucir l'humeur dure et sauvage d'Hiéron.

Plutarque rapporte de lui une parole qui marque une disposition excellente dans un prince. Il disait que sa maison et ses oreilles seraient toujours ouvertes à quiconque voudrait lui dire la vérité, et la lui dirait avec franchise et sans ménagement.

Les poètes dont j'ai parlé n'excellaient pas seulement dans la poésie, mais avaient d'ailleurs un grand fonds d'érudition, et étaient regardés et consultés comme les sages de leur temps. C'est ce que Cicéron dit en particulier de Simonide. Il avait beaucoup de crédit sur l'esprit du roi, et il s'en servait pour le porter à la vertu. Leurs entretiens roulaient assez souvent sur des matières de philosophie. J'ai déja remarqué ailleurs que, dans une de ces conversations, Hiéron demanda à Simonide ce qu'il pensait sur la nature et sur les attributs de la Divinité. Celui-ci demanda un jour pour y réfléchir; le lendemain il en demanda deux , et alla toujours ainsi en augmentant. Pressé par le prince de rendre raison de ces délais , il avoua que la matière était au-dessus de ses forces, et que plus il y pensait, plus il y trouvait d'obscurité.

Nous avons un excellent traité de Xénophon sur la manière de bien gouverner, qui a pour titre Hiéron, et qui est un dialogue entre ce prince et Simonide. Hiéron entreprend de prouver au poète que les tyrans, les rois, ne sont pas si heureux qu'on se l'imagine. Entre un grand nombre de preuves qu'il en apporte, il insiste principalement sur le malheur qu'ils ont d'être privés du plus grand bien et de la plus grande douceur de la vie, c'est-à-dire d'un véritable ami, dans le sein duquel on puisse déposer sûrement ses chagrins, ses inquiétudes, ses secrets; qui partage avec nous nos joies et nos douleurs; en un mot, qui soit un autre nous-mêmes, et qui ne fasse avec nous qu'un cœur et qu'une ame. Simonide, de son côté, lui donne d'admirables instructions sur les devoirs de la royauté. Il lui représente qu'un roi ne l'est pas pour lui, mais pour les autres; que sa grandeur consiste, non à se bâtir de superbes palais, mais à construire des temples, à fortifier et embellir ses villes; que sa gloire est, non qu'on le craigne, mais qu'on craigne pour lui; qu'un soin véritablement royal n'est pas d'entrer en lice avec le premier venu dans les jeux olympiques (c'était la passion des princes de ce temps-là, et en particulier d'Hiéron *), mais de disputer avec les rois voisins à qui réussira le mieux à répandre l'abondance dans ses états, et à rendre ses peuples heureux.

Un autre poète, c'est Pindare, loue néanmoins ce même Hiéron sur la victoire

---

* On dit que Thémistocle, le voyant arriver aux jeux olympiques avec un grand équipage, fut d'avis qu'on ne l'y admît pas, parce qu'il n'avait point secouru les Grecs contre l'ennemi commun, non plus que son frère Gélon; et cet avis fit honneur au général athénien. (ÆLIAN. lib. 9, c. 5.)

qu'il avait remportée à la course équestre.
« Ce prince, dit-il dans son ode, qui gou-
« verne avec équité les peuples de l'opu-
« lente Sicile, a cueilli la plus pure fleur
« de toutes les vertus. Il se fait un noble
« plaisir de ce que la poésie et la musique
« ont de plus exquis. Il aime les airs mé-
« lodieux, tels que nous avons coutume
« d'en jouer à la table des personnes qui
« nous sont chères. Courage donc, prends
« ta lyre, et monte-la sur le ton dorien. Si
« tu te sens animé d'un beau feu en faveur
« de Pise * et de Phérénice, s'ils ont fait
« naître en toi les plus doux transports
« lorsque ce généreux coursier, sans être
« piqué de l'éperon, volait sur les bords
« de l'Alphée, et portait son maître au
« sein de la victoire, chante le roi de Sy-
« racuse, l'ornement de nos courses éques-
« tres. »

On peut voir l'ode entière traduite par
feu M. Massieu, dans le 6e tome des Mé-
moires de l'académie des Inscriptions et

---

* Pise était la ville près de laquelle se célébraient
les jeux olympiques : *Phérénice*, le nom du coursier d'Hiéron, qui signifie *remporteur de victoires*.

Belles-Lettres, d'où j'ai extrait le peu que j'en ai rapporté. J'ai été bien aise de faire connaître Pindare au lecteur par ce petit échantillon.

Cette ode est suivie immédiatement d'une autre composée en l'honneur de Théron, roi d'Agrigente, vainqueur à la course des chars. Plusieurs la regardent comme le chef-d'œuvre de Pindare, tant l'expression leur en paraît sublime, les sentimens nobles, la morale pure.

Je ne sais pas jusqu'à quel point il faut compter sur les autres louanges que Pindare donne à Hiéron; car les poëtes ne se piquent pas toujours d'une grande sincérité dans celles qu'ils accordent aux princes : mais au moins il est certain qu'il avait fait de sa cour le rendez-vous des beaux esprits, et qu'il avait su les y attirer par ses manières honnêtes et engageantes, et encore plus par ses libéralités, ce qui n'est pas un petit mérite pour un roi.

On ne peut donner à la cour d'Hiéron l'éloge que donne Horace à celle de Mécène, où régnait un caractère rare parmi les savans, mais infiniment plus estimable que toute leur science. On ne connaissait

point, dit Horace, dans cette aimable cour
les bas sentimens de l'envie et de la jalousie, et l'on y voyait, dans ceux qui partageaient la faveur du maître, un mérite ou
un crédit supérieur, sans en prendre ombrage. Il n'en était pas ainsi chez Hiéron;
ni chez Théron. On dit que Simonide et son
neveu Bacchylide tâchaient, par toutes sortes de critiques, d'affaiblir l'estime que
ces princes témoignaient pour les ouvrages
de Pindare. Celui-ci, par droit de répré-
sailles, les rabaisse étrangement dans l'ode
de Théron, en les comparant à des corbeaux
qui croassent inutilement contre le divin
oiseau de Jupiter. La vertu de Pindare n'é-
tait pas la modestie.

Hiéron, ayant chassé de Catane et de
Naxe les anciens habitans, y établit une
nombreuse colonie composée de dix mille
hommes, dont cinq mille étaient Syracusains, et les cinq autre mille venus du Péloponèse. C'est ce qui engagea les habitans
de ces deux villes à lui descerner après sa
mort les honneurs qu'on rendait aux héros
ou demi-dieux, parce qu'ils le regardaient
comme leur fondateur.

Il témoigna beaucoup de bonté aux enfans d'Anaxilaüs, qui avait été tyran de Zancle, et grand ami de Gélon son frère. Comme ils étaient parvenus à l'âge viril, il les exhorta à prendre en main les rênes du gouvernement, après s'être fait rendre compte par leur tuteur, qui s'appelait Micythe. Celui-ci, ayant assemblé les plus proches parens et les meilleurs amis des jeunes princes, rendit en leur présence un si bon compte de sa tutelle, que tous, ravis en admiration, donnèrent des louanges extraordinaires à sa prudence, à sa bonne foi et à sa justice. La chose alla si loin, que les jeunes princes mêmes le pressèrent très vivement de vouloir bien continuer à se charger du gouvernement comme il avait fait jusque-là. Mais le sage tuteur, préférant la douceur du repos à l'éclat du commandement, et d'ailleurs persuadé que l'intérêt de l'état demandait que les jeunes princes gouvernassent par eux-mêmes, prit le parti de la retraite. Hiéron mourut après avoir régné onze ans.

III. THRASYBULE. — Son frère Thrasybule lui succéda, et contribua beaucoup par sa mauvaise conduite à le faire regretter. Plein d'orgueil et d'une fierté brutale, il comptait pour rien les hommes, croyant qu'ils n'étaient faits que pour lui, et qu'il était d'une autre nature qu'eux. Il se livra entièrement aux conseils flatteurs des jeunes insensés qui l'environnaient. Il traitait tous ses sujets avec la dernière dureté, bannissant les uns, confisquant le bien des autres, et en faisant mourir un grand nombre. Les Syracusains ne purent souffrir long-temps une si dure servitude. Ils appelèrent à leur secours les villes voisines, interressées comme eux à secouer le joug de la tyrannie (Av. J.-C. 465). Thrasybule fut assiégé dans Syracuse même, dont il avait retenu une partie sous sa domination, savoir, l'Achradine et l'île, qui était très fortifié; le troisième quartier de la ville, nommé Tyque, était entre les mains de ses ennemis. Après une assez faible résistance, ayant demandé à capituler, il quitta la ville, et se retira en exil chez les Locriens. Il n'avait été sur le trône qu'un an. Syracuse rentra ainsi en liberté. Elle délivra aussi les autres villes de Sicile de la tyrannie, établit partout le gouvernement populaire, et s'y maintint elle-même pendant soixante ans, jusqu'au temps de Denys le tyran, qui l'asservit de nouveau.

(Av. J.-C. 460.) Depuis que la Sicile eut été délivrée de la domination des tyrans, et que la liberté eut été rendue à toutes les villes, comme le pays par lui-même était extrêmement fertile, et que la paix dont on jouissait partout laissait tout le loisir de s'appliquer à la culture des terres et à la nourriture des troupeaux, les peuples de cette île devinrent fort puissans, et amassèrent de grandes richesses. Pour conserver à jamais la mémoire de l'heureux jour où ils avaient secoué le joug de la servitude par l'exil de Thrasybule, ils ordonnèrent dans l'assemblée générale de la nation que l'on érigerait une statue colossale à Jupiter Libérateur; que tous les ans, dans ce jour-là, on célébrerait une fête solennelle en action de graces du rétablissement de la liberté; et qu'on immolerait aux dieux quatre cent cinquante taureaux, qui serviraient aussi à traiter le peuple dans un festin commun.

Il resta toujours néanmoins dans l'esprit de plusieurs particuliers je ne sais quel levain secret de tyrannie qui troubla souvent la douceur de cette paix, et causa dans la Sicile divers mouvemens dans le détail desquels je ne crois pas devoir descendre. Pour en prévenir l'effet, on étabblit à Syracuse le pétalisme, qui était à peu près la même chose que l'ostracisme à Athènes, et qu'on appela ainsi d'un mot grec qui signifie feuille, parce qu'on donnait son suffrage sur une feuille d'olivier. Ce jugement s'exerçait contre les citoyens dont la puissance donnait lieu de craindre qu'ils ne songeassent à se faire tyrans, et les bannissait pour dix ans : mais il ne subsista pas long-temps, et fut bientôt aboli, parce que, la crainte d'y succomber ayant porté les plus gens de bien à se retirer et à renoncer au gouvernement, les premières places n'étaient plus remplies que par ceux des citoyens qui avaient le moins de mérite.

Deucétius, selon Diodore, était chef des peuples appelés proprement Siciliens. Les ayant tous réunis en un seul corps, excepté ceux d'Hybla, il devint fort puissant, et forma plusieurs grandes entreprises. Ce fut lui qui bâtit la ville Palica, près du temple des dieux *palici.* Ce temple était fort célèbre par quelques merveilles qu'on en raconte, et encore plus par la sainteté et la religion des sermens qu'on y prêtait, dont on dit que le violement était toujours suivi d'une punition prompte et exemplaire. C'était un asile assuré pour tous ceux qu'une puissance supérieure accablait, et surtout pour les esclaves vexés injustement par leurs maîtres, ou traités par eux trop cruellement. Ils y demeuraient en sûreté jusqu'à ce que des arbitres et des médiateurs eussent fait leur paix ; et il n'y avait point d'exemple que jamais aucun maître eût manqué à la parole qu'il avait donnée de pardonner à ses esclaves, tant les dieux qui présidaient à ce temple étaient en réputation de venger sévèrement le parjure.

Ce Deucétius, après plusieurs succès fort heureux et plusieurs actions où il avait remporté de grands avantages sur les ennemis, et en particulier sur les Syracusains, vit tout d'un coup changer sa fortune par la perte d'une bataille, et fut abandonné de presque toutes ses troupes. Dans la consternation et l'abatte-

ment où le jeta une désertion si subite
et si générale, il prit une résolution que
le désespoir seul pouvait lui inspirer. Il
se retira sur le soir et de nuit à Syracuse,
avança jusque dans la place publique,
et là, humble suppliant prosterné au pied
des autels, il abandonna sa vie et ses
états à la merci des Syracusains, c'est-
à-dire de ses ennemis déclarés. La singu-
larité du spectacle attira un grand con-
cours de peuple. Les magistrats aussitôt
convoquèrent l'assemblée, et mirent l'affaire en délibération. On commença par
entendre les orateurs chargés ordinairement de haranguer le peuple, qui l'ani-
mèrent extrêmement contre Deucétius,
comme contre un ennemi public que la
Providence elle-même semblait leur présenter pour venger et punir par sa mort
tous les torts qu'il avait faits à la république. Un tel discours fit horreur à tout
ce qu'il y avait de gens de bien dans l'assemblée. Les plus sages et les plus anciens d'entre les sénateurs représentèrent
« qu'il ne fallait pas considérer ici ce que
« méritait Deucétius, mais ce qui conve-
« nait aux Syracusains : qu'ils ne devaient

« plus envisager en lui un ennemi, mais
« un suppliant, qualité qui rendait sa per-
« sonne sacrée et inviolable : qu'il y avait
« une déesse (elle s'appelait Némésis),
« vengeresse des crimes, surtout de la
« cruauté et de l'impiété, laquelle sans
« doute ne laisserait pas celle-ci impunie :
« qu'outre qu'il y a de la bassesse et de
« l'inhumanité d'insulter à l'infortune des
« malheureux, et de vouloir écraser ceux
« qu'on trouve déja abattus sous ses pieds
« il était de la grandeur et du bon na-
« turel des Syracusains de faire paraître de
« la bonté et de la clémence à l'égard de
« ceux mêmes qui en sont le moins di-
« gnes. » Tout le peuple se rendit à cet
avis, et d'un commun consentement conserva la vie à Deucétius La ville de Corinthe, métropole et fondatrice de Syracuse, lui fut marquée pour le lieu de sa
retraite, et les Syracusains s'engagèrent à
lui fournir tout ce qui lui était nécessaire pour y vivre honorablement. Qui ne
comprend pas, en comparant ces deux
avis, de quel côté est le beau et le grand ?

§ II. [Av. J.-C. 524.] 1. Pythagore. En
traitant de ce qui regarde la grande Grèce

en Italie, je ne dois pas omettre Pythagore, qui en a fait l'honneur. Il était
de Samos. Après avoir parcouru beaucoup de pays et s'être enrichi l'esprit d'un grand nombre de rares connaissances, il revint dans sa patrie, où
il ne fit pas un long séjour, à cause du
gouvernement tyrannique qu'il y trouva
établi par Polycrate, qui avait néanmoins
pour lui tous les égards possibles, et qui
faisait de son mérite le cas qu'il devait. Mais
l'étude des sciences, et surtout de la philosophie, ne peut guère s'accorder avec
la servitude, même la plus douce et la
plus honorable. Il passa donc en Italie, et
fit sa demeure ordinaire à Crotone, à Mé-
taponte, à Héraclée, à Tarente. Servius
Tullius, ou Tarquin-le-Superbe, régnait
pour lors à Rome : ce qui détruit absolument l'opinion de ceux qui croient que
Numa Pompilius, second roi des Romains,
qui vivait plus de cent ans auparavant,
avait été disciple de Pythagore : opinion fondée apparemment sur la ressem-
blance de leurs mœurs, de leur caractère
et de leurs principes.

Tout le pays se ressentit bientôt de la

présence de ce grave philosophe. Le goût de l'étude et l'amour de la sagesse s'y répandirent presque généralement en fort peu de temps. On accourait de toutes les villes voisines pour voir Pythagore, pour l'entendre, et pour profiter de ses salutaires avis. Tous les princes du pays se faisaient un plaisir et un honneur de l'avoir chez eux, de s'entretenir avec lui, et de prendre de ses leçons sur la manière de gouverner sagement les peuples. Son école devint la plus célèbre qui eût encore été. Il n'avait pas moins de quatre ou cinq cents disciples. Avant que de les admettre dans ce rang, il les éprouvait dans une espèce de noviciat qui durait cinq ans, et pendant tout ce temps-là il les condamnait à un rigoureux silence, parce qu'il voulait qu'ils fussent instruits avant que de parler. J'exposerai quels étaient ses dogmes et ses sentimens lorsque je parlerai des différentes sectes des philosophes : tout le monde sait que la métempsycose en était un des principaux. Ses disciples avaient un grand respect pour tout ce qui sortait de sa bouche, et, sans autre examen, il suffisait qu'il eût parlé pour se faire croire ;

3.

et, pour assurer que quelque chose était vrai, ils avaient coutume de s'exprimer ainsi : Le maître l'a dit. C'était porter trop loin la déférence et la docilité, que de renoncer ainsi à tout examen, et de faire le sacrifice absolu de sa raison et de ses lumières ; sacrifice qui n'est dû qu'à la seule autorité divine, infiniment supérieure à toute notre raison et à toutes nos lumières, et qui a droit par conséquent de leur imposer la loi et de leur parler en souveraine.

Il sortit de l'école de Pythagore un grand nombre d'illustres disciples, qui firent un honneur infini à leur maître, de sages législateurs, de grands politiques, des personnes habiles dans toutes les sciences, des hommes capables de gouverner les états et d'être les ministres des plus grands princes. Long-temps après sa mort, cette partie de l'Italie qu'il avait cultivée et instruite par ses leçons, était encore regardée comme la pépinière et le séjour des savans en tout genre, et elle se maintint pendant plusieurs siècles dans cette glorieuse possession. Il fallait qu'à Rome on eût une grande idée du mérite et de la vertu de Pythagore, puisque l'oracle de Delphes ayant ordonné aux Romains, pendant la guerre des Samnites, d'ériger deux statues dans l'endroit le plus célèbre de la ville, l'une au plus sage, l'autre au plus courageux des Grecs, ils les érigèrent dans le lieu des comices à Pythagore et à Thémistocle. On ne sait rien de certain sur le lieu ni sur le temps de la mort de Pythagore.

11. CROTONE. SYBARIS. THURIUM. (Av. J.-C. 709.) Crotone fut fondée par Myscellus, chef des Achéens, la troisième année de la 17ᵉ olympiade. Ce Myscellus, étant allé à Delphes pour consulter l'oracle d'Apollon sur le lieu où il bâtirait sa ville, y trouva Archias le Corinthien, qu'un semblable dessein y avait amené. Le dieu les écouta favorablement, et, après les avoir déterminés sur le lieu le plus convenable à leurs nouveaux établissemens, il leur proposa différens avantages, et leur laissa entre autres le choix des richesses ou de la santé. Les richesses touchèrent Archias, Myscellus demanda la santé; et, si l'on en croit l'histoire, Apollon fut fidèle à tous les deux. Archias fonda Syracuse, qui devint en peu de temps la

plus opulente ville de la Grèce. Myscellus
fonda Crotone, si fameuse par la longue
vie et par la force naturelle de ses habitans,
qu'elle était passée en proverbe pour signi-
fier un lieu fort sain, et où l'air était d'une
extrême pureté. Elle se signala par un
grand nombre de victoires dans les jeux
de la Grèce; et Strabon dit que, dans une
même olympiade, sept Crotoniates furent
couronnés aux jeux olympiques, et remportèrent tous les prix du stade.

Sybaris était située à dix lieues de Crotone (200 stades), et avait été fondée aussi
par les Achéens, mais avant l'autre. Cette
ville dans la suite devint fort puissante. Elle
avait sous sa dépendance quatre peuples
voisins et vingt cinq villes, de sorte qu'elle
seule pouvait mettre sur pied trois cent
mille hommes. Cette richesse et cette opu-
lence furent bientôt suivies d'un luxe et
d'un dérèglement de mœurs qu'on a peine
à croire. Les citoyens n'étaient occupés
que de festins, de jeux, de spectacles, de
parties de plaisir et de débauches. Il y
avait des récompenses publiques et des
marques de distinction pour ceux qui donnaient de plus magnifiques repas, et même

pour les cuisiniers qui réussissaient le mieux dans l'art important de faire de nouvelles découvertes pour la bonne chère, et d'inventer de nouveaux raffinemens pour satisfaire le goût. La délicatesse et la mollesse étaient portées si loin, qu'on écartait sévèrement de la ville tous les ouvriers qui faisaient trop de bruit en travaillant, et qu'on n'y souffrait point de coqs, de peur que le chant aigu et perçant ne troublât la douceur du sommeil.

(Av. J.-C. 520.) A tous ces maux se joignirent la dissension et la discorde; ce qui causa leur ruine. Cinq cents des plus riches de la ville en ayant été chassés par la faction d'un particulier nommé Télys, se réfugièrent à Crotone. Télys les fit redemander, et, sur le refus que firent les Crotoniates de les livrer, déterminés à cette généreuse résolution par l'avis de Pythagore, qui était alors chez eux, la guerre fut déclarée. Les Sybarites se mirent en campagne avec trois cent mille hommes; les Crotoniates avec cent mille seulement; mais ils avaient à leur tête Milon, ce fameux athlète dont il sera bientôt parlé, qui était couvert d'une peau de lion, et armé d'une massue, comme un autre Hercule. Ceux-ci remportèrent une victoire complète, et firent main basse sur tous les fuyards; de sorte qu'il ne s'en sauva qu'un petit nombre, et que leur ville demeura déserte. Environ soixante ans après, des Thessaliens vinrent s'y établir; mais ils n'y demeurèrent pas long-temps en repos, et en furent chassés par les Crotoniates. Réduits à cette fâcheuse extrémité, ils implorèrent le secours de Sparte et d'Athènes. Les Athéniens, touchés de compassion pour le pitoyable état où ils étaient réduits, après avoir fait proclamer dans le Péloponèse que ceux qui voudraient se joindre à cette colonie pouvaient le faire librement, envoyèrent aux Sybarites une flotte de dix vaisseaux sous la conduite de Lampon et de Xénocrate.

Ils bâtirent une ville près de l'ancienne Sybaris, qu'ils appelèrent *Thurium*. (Av. J.-C. 444.) Deux savans illustres, l'un orateur, l'autre historien, se joignirent à cette colonie : le premier était Lysias, âgé pour lors seulement de quinze ans; il demeura à Thurium, jusqu'au malheur arrivé aux Athéniens dans la Sicile, et passa pour lors à Athènes : le second était Hérodote; quoiqu'il fût natif d'Halicarnasse, ville de Carie, il fut pourtant censé être de Thurium, parce qu'il s'y établit avec cette colonie. J'en parlerai ailleurs plus au long.

La division se mit bientôt dans la ville à l'occasion des nouveaux habitans, que les autres voulaient priver de toutes les charges et de tous les privilèges. Mais comme ils étaient en bien plus grand nombre, ils chassèrent tous les anciens Sybarites, et demeurèrent seuls maîtres de la ville. Soutenus par l'alliance qu'ils firent avec les Crotoniates; ils devinrent en peu de temps fort puissans; et, ayant établi dans leur ville le gouvernement populaire, ils en distribuèrent les citoyens en dix tribus, auxquelles ils donnèrent le nom des différens peuples d'où ils étaient sortis.

III. CHARONDAS, LÉGISLATEUR. Alors ils ne songèrent plus qu'à affermir leur gouvernement par de sages lois, et pour cet effet choisirent entre eux Charondas, élevé dans l'école de Pythagore, qu'ils chargèrent du soin de les dresser. J'en rapporterai ci quelques-unes :

1° Il donna exclusion du sénat et de toute dignité publique à quiconque passerait à de secondes noces après avoir eu des enfans d'un premier lit ; persuadé qu'un homme si peu attentif aux intérêts de ses enfans ne le serait pas davantage à ceux de la patrie, et que, s'étant montré mauvais père, il serait mauvais magistrat.

2° Il condamna les calomniateurs à être conduits par toute la ville couronnés de bruyère, comme les plus méchans de tous les hommes ; ignominie à laquelle le plus souvent ils ne pouvaient survivre. La ville, délivrée de cette peste, recouvra le repos et la tranquillité. Les calomniateurs sont en effet la source la plus ordinaire des troubles publics et particuliers, et, selon la remarque de Tacite, trop épargnés dans la plupart des états.

3° Il établit une loi toute nouvelle contre une autre sorte de peste et de contagion, qui est dans une république la cause ordinaire de la corruption des mœurs ; en donnant action contre ceux qui se lieraient d'amitié et de commerce avec les méchans, et les condamnant à une amende considérable.

4° Il voulut que tous les enfans des citoyens fussent instruits dans les belles-
lettres, dont l'effet propre est de polir et
de civiliser les esprits, d'inspirer des
mœurs douces et de porter à la vertu ; ce
qui fait le bonheur d'un état, et est également nécessaire à tous les citoyens. Dans
cette vue, il stipendia des maîtres publics,
afin que l'instruction, étant gratuite, pût
devenir générale. Il regardait l'ignorance
comme le plus grand des maux et la source
de tous les vices.

5° Il fit une loi à l'égard des orphelins,
qui paraît assez sensée, en confiant le soin
de leur éducation aux parens du côté ma-
ternel, de qui il n'y avait rien à craindre
contre leur vie, et l'administration de leurs
biens aux parens du côté paternel, qui
avaient intérêt de les conserver, pouvant
en devenir les héritiers par la mort des
pupilles.

6° Au lieu de punir de mort les déser-
teurs, et ceux qui quittaient leur rang
et fuyaient dans le combat, il se contenta
de les condamner à paraître pendant trois
jours dans la ville revêtus d'un habit de
femme, espérant que la crainte d'une telle

honte ne produirait pas moins d'effet que celle de la mort, et d'ailleurs voulant donner lieu à ces lâches citoyens de réparer et de couvrir leur faute dans la première occasion.

7° Pour empêcher que ces lois ne fussent abrogées avec trop de facilité et de témérité, il imposa une condition bien dure et bien hasardeuse à ceux qui proposeraient d'y faire quelque changement. Ils devaient paraître dans l'assemblée publique avec une corde au cou, et, si le changement proposé ne passait point, être étranglés sur-le-champ. Dans toute la suite du temps, il n'arriva que trois fois de proposer de tels changemens, et ils furent acceptés.

Charondas ne survécut pas long-temps à ses lois. Revenant un jour de poursuivre des voleurs, et trouvant la ville en tumulte, il entra tout armé dans l'assemblée; ce qu'il avait défendu par une loi expresse. Un particulier lui reprocha qu'il violait lui-même ses lois. *Non*, dit-il, *je ne les viole point, mais je les scellerai de mon sang*, et sur-le-champ il se tua de son épée.

IV. Z̲ALEUCUS, AUTRE LÉGISLATEUR. Dans

le même temps, il y eut chez les Locriens un autre législateur célèbre, nommé *Zaleucus*, disciple de Pythagore aussi bien que Charondas. Il ne nous reste presque qu'une espèce de préambule qu'il avait mis à la tête de ses lois, qui en donne une grande idée. Il demande de ses citoyens, avant tout, qu'ils croient et soient fortement persuadés qu'il y a des dieux; et il ajoute qu'il ne faut que lever les yeux vers le ciel, et en considérer l'ordre et la beauté, pour se convaincre qu'un ouvrage si merveilleux ne peut point être l'effet du hasard ni de l'industrie humaine. Par une conséquence et une suite naturelle de cette persuasion, il les exhorte à honorer et respecter les dieux, comme auteurs de tout ce qu'il y a de bon, de juste et d'honnête parmi les mortels, et de les honorer, non simplement par des sacrifices et par de magnifiques présens, mais par une sage conduite et par des mœurs pures et chastes, qui plaisent aux dieux infiniment plus que tous les sacrifices.

Après cet exorde si plein de religion et de piété, où il montre la Divinité comme la source primitive des lois, comme la prin-

cipale autorité qui en commande l'observation, comme le puissant motif pour y
être fidèle, et comme le parfait modèle
auquel on doit se conformer, il passe au
détail des devoirs que les hommes ont les
uns à l'égard des autres, et leur donne un
précepte fort propre à conserver dans le
commerce de la vie, la paix et l'union, en
commandant de ne pas rendre éternelles
les haines et les dissensions, ce qui mar-
querait un esprit féroce et indomptable;
mais d'en user à l'égard de leurs ennemis
comme devant bientôt les avoir pour amis.
Il ne faut pas attendre du paganisme une
plus haute perfection.

Quant à ce qui regarde les juges et les
magistrats, après leur avoir représenté
qu'en prononçant les jugemens ils ne doivent se laisser prévenir ni par l'amitié, ni
par la haine, ni par aucune autre passion,
il se contente de les exhorter à éviter avec
soin toute hauteur et toute dureté à l'égard
des parties, qui sont assez à plaindre d'a-
voir à essuyer les peines et les fatigues
qu'entraîne après elle la poursuite d'un
procès. Leur place en effet, quelque labo-
rieuse qu'elle soit, ne leur donne aucun

droit de faire sentir leur mauvaise humeur aux parties. Ils leur doivent la justice par état, et par la qualité même de juges; et lorsqu'ils la leur rendent, même avec-douceur et avec humanité, ce n'est qu'une dette dont ils s'acquittent, et non une grace qu'ils leur accordent.

Pour écarter de sa république le luxe, qu'il regardait comme la ruine certaine d'un état, il ne suivit pas la pratique établie parmi quelques nations, où l'on croit qu'il suffit, pour le réprimer, de punir les contraventions à la loi par des amendes pécuniaires. Il s'y prit, dit l'historien, d'une manière plus adroite et plus ingénieuse, et en même temps plus efficace. Il défendit aux femmes de porter des étoffes riches et précieuses, des habits brodés, des pierreries, des pendans d'oreilles, des colliers, des bracelets, des anneaux d'or, et d'autres ornemens de cette sorte, n'exceptant de cette loi que les femmes prostituées. Il fit à l'égard des hommes un règlement semblable à proportion, n'en exceptant pareillement que ceux qui consentiraient à passer pour débauchés et pour infâmes. Par cette voix, il détourna facilement et sans violence les citoyens de tout ce qui sentait le luxe et la mollesse. Car il ne se trouva personne qui eût assez renoncé à tout sentiment d'honneur pour vouloir porter aux yeux de toute une ville les marques de sa honte, s'attirer par-là le mépris et la risée publique, et déshonorer pour toujours sa famille.

V. Milon l'athlète. — Nous l'avons vu à la tête d'une armée remporter une fort grande victoire; mais il était encore plus célèbre par sa force athlétique que par son courage guerrier. On le surnommait le Crotoniate, du nom de Crotone sa patrie. C'est celui dont nous avons dit que Démocède, ce fameux médecin, qui était son compatriote, avait épousé la fille, après s'être sauvé de la cour de Darius pour revenir dans la Grèce.

Pausanias dit que Milon fut sept fois victorieux aux jeux pythiens, une fois étant enfant; qu'il remporta six victoires aux jeux olympiques, toutes à la lutte, l'une desquelles lui fut adjugée aussi pendant son enfance; et que, s'étant présenté une septième fois à Olympie pour la lutte, il ne put y combattre faute d'antagoniste. Il empoignait une grenade de manière que , sans l'écraser, il la serrait suffisamment pour la retenir, malgré les efforts de ceux qui tâchaient de la lui arracher. Il se tenait si ferme sur un disque qu'on avait huilé pour le rendre plus glissant, qu'il était impossible de l'y ébranler. Il ceignait sa tête d'un corde comme d'un diadème; après quoi, retenait fortement son haleine, les veines de sa tête s'enflaient jusqu'au point de rompre la corde. Lorsque, appuyant son coude sur son côté, il présentait la main dorite ouverte, les doigts serrés l'un contre l'autre , à l'exception du pouce qu'il élevait, il n'y avait force d'homme qui pût lui écarter le petit doigt des trois autres.

Tout cela n'était dans Milon qu'une vaine et puérile ostentation de ses forces : le hasard lui fournit une occasion d'en faire un usage bien plus louable. Un jour qu'il écoutait les leçons de Pythagore (car il était l'un de ses disciples les plus assidus), la colonne qui soutenait le plafond de la salle où l'auditoire était assemblé ayant été tout d'un coup ébraulé par je ne sais quel accident, il la soutint lui seul, donna le temps aux auditeurs de se retirer; et, après avoir mis les autres en sûreté, il se sauva lui-même.

Ce qu'on raconte de la voracité des athlètes est presque incroyable. Celle de Milon était à peine rassasié de vingt mines (ou livres) de viande, d'autant de pain et de trois* conges de vin en un jour. Athénée rapporte qu'une fois, ayant parcouru toute la longueur du stade portant sur ses épaules un taureau de quatre ans, il l'assomma d'un coup de poing, et le mangea tout entier dans la journée. Je passe volontiers le reste à Milon; mais y a-t-il la moindre vraisemblance qu'un homme puisse manger seul un bœuf entier en un jour?

On dit que Milon, dans son extrême vieillesse, voyant les autres athlètes s'exercer à la lutte, et considérant ses bras autrefois si robustes, mais que l'âge avait extrêmement affaiblis, s'écria en pleurant : Ah! maintenant ces bras sont morts!

Cependant il oublia ou se dissimula à lui-même son affaiblissement, et la con-

* Trente livres ou quinze pintes.

fiance en ses forces, qu'il conserva jusqu'à la fin, lui devint fatale. Ayant trouvé en son chemin un vieux chêne entr'ouvert par quelques coins qu'on y avait enfoncés à force, il entreprit d'achever de le fendre avec ses mains; mais comme l'effort qu'il fit pour cela eut dégagé les coins, ses mains se trouvèrent prises et serrées par le ressort des deux parties de l'arbre qui se rejoignirent; de manière que, ne pouvant se débarrasser, il fut dévoré par les loups.

Un auteur remarque sensément que cet athlète, si robuste et si fier des forces de son corps, était le plus faible des hommes par rapport à une passion qui souvent terrasse et asservit les plus forts, et qu'il fut souverainemènt maîtrise par une courtisane qui lui faisait faire tout ce qu'elle voulait.

CHAPITRE III.

GUERRE DU PÉLOPONÈSE.

(Av. J.-C. 431). La guerre du Péloponèse, dont j'entreprends de parler, commença vers la fin de la première année de la 87e olympiade, et dura vingt-sept ans; Thucydide en a écrit l'histoire jusqu'à la vingt-unième année inclusivement. Il marque avec beaucoup d'exactitude tout ce qui s'est passé chaque année, qu'il divise en campagnes et en quartiers d'hiver. Je n'entrerai pas dans un si grand détail, et je me contenterai d'en extraire ce qui me paraîtra de plus curieux et de plus intéressant. Plutarque et Diodore de Sicile me seront aussi d'un grand secours, et me fourniront beaucoup de lumières.

Première année de la guerre.

§ I. Le premier acte d'hostilité qui commença la guerre vint de la part des Thébains, qui attaquèrent Platée, ville de Béotie, et alliée d'Athènes. Ils y furent introduits par trahison; mais les citoyens, les ayant attaqués de nuit, les tuèrent tous, excepté près de deux cents qu'on fit prisonniers, et qui, peu de temps après, furent mis à mort. Les Athéniens, avertis de ce qui s'était passé à Platée, y envoyèrent aussitôt du secours, y firent porter des vivres, et en firent sortir toutes les bouches inutiles.

La trève étant manifestement rompue, on se prépara de part et d'autre ouvertement à la guerre, et l'on dépêcha partout des ambassadeurs pour se fortifier de l'alliance des Grecs et des barbares. Tout était en mouvement dans la Grèce, hormis quelques peuples et quelques villes, qui demeurèrent dans la neutralité en attendant l'évènement. Le grand nombre inclinait vers les Lacédémoniens, comme vers les libérateurs de la Grèce, et l'on se portait avec chaleur pour leur parti, parce que les Athéniens, oubliant que la modération et la douceur du commandement leur avaient d'abord attaché beaucoup d'alliés, les avaient ensuite presque tous aliénés par leur fierté et par la dureté de leur gouvernement, et s'étaient fait haïr non-seulement de ceux qui étaient déja sous leur puissance, mais de ceux qui appréhendaient d'y tomber : telle était la disposition des esprits. Voici quels étaient les alliés de chacun des deux peuples.

Les Lacédémoniens avaient tout le Péloponèse pour eux, à la réserve d'Argos, qui était neutre. Les Achéens le furent aussi d'abord, excepté les Pelléniens, mais ils s'embarquèrent peu à peu dans cette guerre. Hors du Péloponèse, ils avaient les Mégariens, les Locriens, les Béotiens, les Phocéens, les Ambraciotes, les Leucadiens et les Anactoriens.

Les alliés d'Athènes étaient Chio, Lesbos, Platée, les Messéniens de Naupacte, la plupart des Acarnaniens, les Corcyréens, les Céphalléniens et les Zacynthiens; sans parler de tous les pays tributaires, comme la Carie maritime, la Doride, qui en est proche, l'Ionie, l'Hellespont et les villes, de la Thrace, excepté Chalcide et Potidée, toutes les îles qui sont entre la Crète et le Péloponèse en tirant vers l'orient, et les Cyclades, hormis Mélos et Théra.

Aussitôt après l'entreprise formée sur Platée, les Lacédémoniens avaient ordonné des levées dedans et dehors le Péloponèse, et avaient fait préparer tout ce qui était nécessaire pour entrer dans le pays ennemi. Quand tout fut prêt, les deux tiers des troupes se rendirent à l'isthme de Corinthe, et l'autre demeura pour la garde du pays. Alors Archidamus, roi de Lacédémone, qui commandait l'armée, assembla les généraux et les principaux officiers, et leur remettant devant les yeux les grandes actions de leurs ancêtres, et celles qu'ils avaient faites eux-mêmes, ou dont ils avaient été les témoins, il les exhorta à soutenir courageusement l'ancienne gloire de leurs villes, aussi bien que leur propre gloire. Il leur représenta que toute la Grèce avait les yeux attentifs sur eux, et que, dans l'attente du succès d'une guerre qui allait décider de son sort, elle ne cessait de faire des vœux au ciel pour un peuple qui lui était aussi cher que les Athéniens lui étaient devenus odieux : qu'au reste il ne pouvait leur dissimuler qu'il marchait contre un ennemi beaucoup inférieur, à la vérité, en nombre et en forces, mais d'ailleurs puissant, aguerri, entreprenant, et dont le courage sans doute s'augmenterait encore par la vue du danger et par le ravage de ses terres : qu'ainsi il fallait faire des efforts extraordinaires pour jeter d'abord la terreur dans le pays où ils allaient entrer, et pour inspirer aux alliés une grande confiance. Tous répondirent par des cris de joie, et par des assurances réitérées de bien faire leur devoir.

L'assemblée s'étant séparée, Archidamus, toujours plein de zèle pour le salut
de la Grèce, et attentif à ne rien négliger pour prévenir une rupture dont il prévoyait les funestes suites, envoya un Spar-
tiate à Athènes, afin d'essayer, avant
qu'on passât outre, de porter les Athéniens
à se relâcher par la vue d'une armée
prête à entrer dans l'Attique. Mais, bien
loin de lui donner audience et d'écouter
ses raisons, ils ne lui voulurent pas seulement permettre l'entrée dans leur ville;
car Périclès avait obtenu qu'on ne rece-
vrait ni hérault, ni ambassadeur de la part
des Lacédémoniens, qu'ils n'eussent mis
bas les armes. On lui fit donc commandement de se retirer du pays dans le
jour même, et on lui donna des gens
pour l'accompagner jusque sur la frontière,
et pour l'empêcher de parler à personne
dans le chemin. En prenant congé d'eux,
il leur dit que ce jour-là serait le commencement de grands maux pour toute la
Grèce. Archidamus, ne voyant plus aucune espérance d'accommodement, se mit
en marche vers l'Attique avec une armée
de soixante mille hommes composée de
troupes choisies.

Avant qu'il entrât, Périclès déclara aux Athéniens que, si Archidamus, en ravageant leurs terres, épargnait celles qui lui appartenaient en propre, soit à cause du droit d'hospitalité qui était entre eux ou pour donner occasion à ses ennemis et à ses envieux de le calomnier comme s'il était d'intelligence avec lui, il donnait dès ce jour-là à la ville d'Athènes ses terres et ses maisons. Il leur fit entendre que le salut de l'état consistait à consumer les forces des ennemis en traînant la guerre en longueur, et que pour cela il fallait retirer en diligence des champs tous leurs effets, et se renfermer dans la ville sans jamais en venir à une bataille. En effet, leurs troupes n'étaient pas assez nombreuses pour entrer en campagne et tenir tête à l'ennemi. Ils avaient, sans les garnisons, treize mille soldats pesamment armés, et seize mille habitans, jeunes et vieux, bourgeois et autres, destinés pour la garde de la place : outre cela, douze cents chevaux, en comptant les archers à cheval, et seize cents archers à pied. Voilà à quoi montait l'armée des Athéniens. Mais leur principale force consis-

tait dans une flotte de trois cents galères , dont une partie était destinée à
ravager le pays ennemi , et l'autre à
contenir dans le devoir les alliés dont
on tirait des contributions , sans lesquelles
on ne pouvait pas fournir aux frais de
la guerre.

Les Athéniens, encouragés par les vives
exhortations de Périclès, emmenèrent de la
campagne leurs femmes, et leurs enfans,
leurs meubles et tous leurs effets , jusqu'à
démolir leurs maisons et en emporter le
bois. Pour le bétail et les bêtes de somme,
ils les passèrent dans l'île d'Eubée et dans
les îles voisines. Cette triste et précipitée
transmigration ne laissa pas de les affliger
sensiblement , et leur causa bien des larmes. Depuis la retraite des Perses , c'est-
à-dire depuis près de cinquante ans, ils
avaient joui d'un paisible repos, uniquement occupés de la culture de leurs terres
et de la nourriture de leurs troupeaux.
Il fallait maintenant tout abandonner , et
renoncer généralement à tout. Ils le firent,
et se logèrent dans la ville du mieux qu'ils
purent, se retirant chez leurs parens ou
chez leurs amis, quelques-uns même dans

les temples et dans les autres lieux publics.

Cependant les Lacédémoniens , s'étant
mis en marche , entrèrent dans le pays,
et vinrent camper à OEnoé , qui est la
première place forte du côté de la Béotie.
Ils furent long-temps à se préparer à l'attaque et à dresser des batteries ; ce qui faisait murmurer contre Archidamus, comme
s'il eût fait la guerre négligeamment à
cause qu'il n'avait pas été d'avis de l'entreprendre. On lui reprochait sa marche
trop lente et son séjour trop long près de
Corinthe. On se plaignait encore de ce qu'il
avait un peu tardé à assembler l'armée ,
comme s'il eût voulu donner le loisir aux
Athéniens d'enlever ce qu'ils avaient à la
campagne; ou lieu qu'en y entrant brusquement, tout eût été saccagé. Mais son
dessein avait été d'attirer les Athéniens par
ces délais à un accommodement , et de
prévenir une rupture dont il prévoyait
que les suites seraient pernicieuses à toute
la Grèce. Voyant qu'après plusieurs assauts
il n'avait pu prendre la place , il leva le
siège, et entra dans l'Attique au milieu de
la moisson. Après avoir ravagé toute la

contrée, il s'avança jusqu'à Acharnes, l'un des plus grands bourgs d'Athènes, et qui n'était qu'à quinze cents pas de la ville. Il y campa, dans l'espérance que les Athéniens, indignés de le voir si près d'eux, sortiraient pour défendre leur pays, et lui donneraient occasion de les attirer à une bataille.

Ils eurent effectivement beaucoup de peine, fiers et impétueux comme ils étaient, à soutenir cette sorte de bravade et d'insulte de la part d'un ennemi à qui ils ne se croyaient pas inférieurs en courage. Ils voyaient de leurs yeux le ravage de leurs terres et l'incendie de leurs maisons et de leurs fermes. Ils ne pouvaient supporter plus long-temps ce triste spectacle, et demandaient qu'à quelque prix que ce fût, on les fît combattre. Périclès vit bien que c'était tout hasarder et exposer la ville à une perte certaine, que d'aller livrer bataille devant ses murailles à une armée de soixante mille combattans, et composée des meilleures troupes qu'il y eût dans la Béotie et dans le Péloponèse ; d'ailleurs sa grande maxime était d'épargner le sang des citoyens, dont la

perte était irréparable. Ainsi, toujours
ferme dans son plan, et uniquement attentif
à calmer cette impatience et cette fougue
des Athéniens, et il se donna bien de garde
d'assembler ni le sénat ni le peuple, de
peur qu'on n'y prît, malgré lui, quelque
fâcheuse résolution. Ses amis faisaient tous
leurs efforts pour le fléchir par leurs prières ; d'un autre côté, ses ennemis n'ou-
bliaient rien pour l'ébranler par leurs
menaces et par leurs mauvais discours. Ils
tâchaient de le piquer par des chansons et
par des satires, en décriant sa conduite
comme celle d'un homme lâche et insensible, qui laissait tout en proie à leurs ennemis. Cléon fut celui qui montra le plus
d'acharnement contre lui. Il était fils de
corroyeur, et corroyeur lui — même. Il
s'était élevé par la brigue, et apparemment
par une sorte de mérite tel qu'il le fallait
pour réussir dans une république. Il avait
une voix forte et imposante, avec un art
merveilleux de gagner le peuple et de le
mettre dans ses intérêts. Ce fut lui qui
établit qu'on donnerait trois oboles à chacun des six mille juges, au lieu de deux
qu'on donnait auparavant. Son caractère

propre était une estime démesurée de lui-
même, une folle confiance dans son mérite,
et une hardiesse dans ses discours poussée
jusqu'à l'impudence et l'effronterie, et qui
n'épargnait personne.

Tous ces mouvemens n'émurent point
Périclès. Une force d'ame invincible le
mettait au-dessus des bruits et des cla-
meurs. Comme un bon pilote, dans une
violente tempête, après avoir donné ses
ordres et pris tous les soins nécessaires,
ne songe plus qu'à faire usage de son art,
sans se laisser attendrir par les prières ni
par les larmes de ceux à qui la crainte du
danger ôte ou trouble la raison ; lui de
même, après avoir pourvu à la sûreté de
la ville, et posé partout des gardes pour
n'être pas surpris, suivait les conseils que
lui suggérait sa prudence, se mettant peu
en peine des plaintes, des railleries et des
emportemens de ses citoyens, et persuadé
qu'il savait mieux qu'eux comment il fallait les gouverner. Il parut bien pour lors,
dit Plutarque, que Périclès était véritablement maître des esprits, étant venu à
bout, dans une telle circonstance, d'empêcher les Athéniens de sortir de la ville,

comme s'il eût tenu dans ses mains les
clés des portes, et qu'il eût apposé sur
leurs armes le sceau de son autorité pour
leur en interdire l'usage. Ce qu'il avait
prévu arriva. Les ennemis, voyant que
les Athéniens ne sortaient point de la ville,
et apprenant que la flotte ennemie rava-
geait leurs terres, décampèrent ; et, après
avoir fait du dégât dans tout le pays qui
se trouva sur leur route, ils rentrèrent
dans le Péloponèse, et se retirèrent chacun chez soi.

On peut demander pourquoi Périclès
garde ici une conduite entièrement oppo-
sée à celle qu'avait gardée Thémistocle
environ cinquante ans auparavant, lorsqu'à l'approche de Xerxès il détermina
les Athéniens à quitter leur ville et à l'a-
bandonner aux ennemis. Il est aisé de voir
que les circonstances sont fort différentes.
Thémistocle, attaqué par toutes les forces
de l'Orient, crut avec raison ne pouvoir
soutenir dans une seule ville ce déluge de
barbares qui l'aurait inondée, et qui lui
aurait fait perdre toute espérance d'être
secourue de ses alliés. C'est la raison qu'en
apporte Cicéron : « fluctum enim totius bar-

bariæ ferre urbs una non poterat. » Il était donc de la sagesse de céder pour un temps, et de laisser à cette multitude confuse de barbares le loisir de se détruire elle-même, et de se dissiper. Périclès n'avait pas à soutenir une guerre si accablante. Elle se faisait à forces presque égales, et il prévoyait qu'elle lui donnerait des intervalles pour respirer. Ainsi, en homme de de tête et en habile politique, il se renferma constamment dans la ville, sans se laisser ébranler ni par les remontrances ni par les plaintes des citoyens. Cicéron, en écrivant à son ami Atticus, condamne absolument le parti qu'avait pris Pompée d'abandonner Rome à César, au lieu qu'à l'exemple de Périclès, il aurait dû s'y renfermer avec le sénat, les magistrats et la fleur des citoyens, qui étaient pour lui.

Après que les Lacédémoniens se furent retirés, les Athéniens distribuèrent des troupes pour garder tous les postes importans sur terre et sur mer, selon le plan qu'ils prétendaient suivre tant que durerait la guerre. On résolut aussi de tenir toujours en réserve mille talens *, et

* Trois millions.

cent galères, pour n'en faire usage qu'au cas que les ennemis attaquassent l'Attique par mer, avec peine de mort contre ceux qui proposeraient de les employer ailleurs.

Les galères qu'on avait envoyées contre le Péloponèse y firent de grands ravages, et consolèrent un peu les Athéniens des pertes qu'ils avaient souffertes. Un jour qu'on fit l'embarquement, et que Périclès montait sur son vaisseau, tout d'un coup le soleil vint à s'éclipser entièrement, et la terre fut couverte de ténèbres. Ce phénomène jeta l'épouvante et la consternation dans l'esprit des Athéniens, qui étaient accoutumés, par superstition et par ignorance des causes naturelles, à regarder ces sortes d'évènemens comme des présages funestes. Périclès, voyant donc son pilote étonné et incertain de ce qu'il devait faire, lui jeta son manteau sur le visage, et lui demanda s'il voyait. Le pilote lui ayant répondu que le manteau l'en empêchait, Périclès lui fit comprendre qu'une pareille cause, c'est-à-dire le vaste corps de la lune interposé entre ses yeux et le soleil, l'empêchait d'en voir la clarté.

La première année de la guerre du

Péloponèse étant ainsi révolue, les Athéniens, pendant l'hiver, firent des funérailles publiques, selon l'ancienne coutume, si conforme à l'humanité et à la reconnaissance, à ceux qui avaient été tués dans cette campagne; et depuis ils pratiquèrent toujours cette cérémonie, tant que la guerre dura. Pour cela on dressait, trois jours auparavant, une tente, où l'on exposait les ossemens des morts, et chacun jetait dessus des fleurs, de l'encens, des parfums, et autres choses semblables. Puis on les chargeait sur des chariots dans des cercueils de cyprès, chaque tribu ayant son cercueil et son chariot séparé; mais il y en avait un qui portait un grand cercueil vide * pour ceux dont on n'avait pu trouver les corps. La marche se faisait avec une pompe grave, majestueuse, et pleine de religion. Un grand nombre d'habitans, soit citoyens, soit étrangers, assistaient à cette lugubre cérémonie. Les parentes des défunts se trouvaient au sépulcre pour pleurer. On portait ces ossemens dans un monument public au plus beau faubourg de

* C'est ce qu'on appelle *cénotaphe*.

la ville, appelé le Céramique, où l'on a renfermé de tout temps ceux qui sont morts à la guerre, excepté ceux de Marathon, qui, pour leur rare valeur, furent enterrés au champ de bataille. Ensuite on les couvrait de terre, et l'un des citoyens les plus considérables de la ville faisait leur oraison funèbre. Ici Périclès fut choisi pour remplir cette honorable fonction. Quand la cérémonie fut achevée, il passa du sépulcre sur la tribune, pour être mieux entendu de tout le monde, et prononça son discours. Thucydide nous l'a conservé tout entier. Soit qu'il soit effectivement de Périclès, ou qu'il faille l'attribuer à son historien, on peut dire qu'il est véritablement digne de la réputation de ces deux grands hommes, par la noble simplicité du style, la solide beauté des pensées, et la grandeur des sentimens qui y règnent partout. Après qu'on avait ainsi payé solennellement ce double tribut de pleurs et de louanges à la mémoire des braves soldats qui avaient sacrifié leur vie pour la défense de la liberté commune, le public, qui ne bornait pas sa reconnaissance à des cérémonies et à des larmes stériles, prenait soin de la subsistance de leurs veuves et des orphelins qui étaient restés en bas âge : puissant aiguillon pour exciter le courage parmi les citoyens! car les grands hommes se forment où le mérite est le mieux récompensé.

Vers la fin de la même campagne, les Athéniens firent alliance avec Sitalcès, roi des Odrysiens dans la Thrace, et, en conséquence de ce traité, reçurent son fils au nombre des citoyens d'Athènes. Il se réconcilièrent aussi avec Perdiccas, roi de Macédoine, en lui rendant la ville de Thermes ; après quoi il se joignit à eux pour faire la guerre ensemble dans la Chalcidique.

IIe et IIIe année de la guerre.

§ II. (Av. J.-C. 430). Au commencement de la seconde campagne, l'ennemi entra dans le pays comme auparavant, et y fit le dégât. Mais la contagion en fit un bien plus grand dans Athènes : on en avait jamais vu de semblable. On dit qu'elle avait commencé en Éthiopie, d'où elle descendit en Égypte, et de là gagna la Lybie et une grande partie de la Perse, puis vint fondre tout-à-coup dans Athènes. Thucydide, qui fut lui-même attaqué de cette maladie, en décrit toutes les circonstances et tous les symptômes dans un grand detail; afin, dit-il, qu'une relation exacte pût servir d'instruction à la postérité, si un pareil malheur arrivait une seconde fois. Hippocrate, qui fut employé à la cure des malades, en a fait aussi la description en médecin; et Lucrèce, en poète. Le mal était au-dessus de tous les remèdes. Les corps les plus robustes n'avait pas la force d'y résister. Les soins et l'habileté des médecins étaient pour eux une faible ressource. Dès qu'on était attaqué, le désespoir saisissait les malades, et les empêchait de rien faire pour leur guérison. Le secours qu'on tâchait de leur donner leur était inutile, et devenait mortel pour ceux de leurs proches ou de leurs amis qui avaient le courage d'en approcher. La quantité de bagages qu'on avait transportés des champs dans la ville y causait une grande incommodité. La plupart, faute de logis, demeuraient sous de petites cabanes, où l'on ne pouvait respirer pendant l'ardeur de l'été; de sorte qu'on les voyait entassés confusément les uns sur les autres, tant les morts

que les mourans, ou se traînant dans les
rues, ou couchés autour des fontaines
dont ils s'étaient approchés pour soulager
la soif brûlante qui les consumait. Les
temples mêmes étaient remplis de cada-
vres, et la ville n'offrait partout qu'une
affreuse image de la mort, sans remède
pour le présent, et sans espérance pour
l'avenir.

La peste, avant que de passer en Attique,
avait déja fait de grands ravages dans la
Perse. Dès qu'elle s'y fit sentir, Artaxerxe,
qui avait entendu parler de la grande réputation d'Hippocrate de Cos, le plus célèbre médecin qui fut alors, et qui ait été
depuis, lui fit écrire par ses gouverneurs
pour l'engager à venir dans ses états traiter
ceux qui étaient attaqués de cette maladie.
Il lui faisait les offres les plus avantageuses,
ne mettant du côté de l'intérêt aucune
borne aux récompenses dont il prétendait
le combler, et, du côté de l'honneur, pro-
mettant de l'égaler à ce qu'il y avait de
personnes plus considérables dans sa cour.
Nous avons déja vu combien en Perse on
faisait de cas des médeciens de Grèce. Et
peut-on payer trop cher des services si

importans? Mais tout l'éclat de l'or et des dignités qu'on fit briller aux yeux d'Hippocrate ne fut point capable de le tenter, et ne put étouffer dans son esprit le sentiment d'aversion et de haine qui était devenu naturel aux Grecs à l'égard des Perses, depuis que ceux-ci étaient venus les attaquer. Sa réponse fut donc qu'il était sans besoins et sans desirs : qu'il devait ses soins à ses concitoyens et à ses compatriotes, et qu'il ne devait rien aux barbares, ennemis déclarés des Grecs. Les rois ne sont pas accoutumés au refus. Artaxerxe, outré de dépit, envoya sommer la ville de Cos, patrie d'Hippocrate, et où il était actuellement, de lui livrer cet insolent pour le punir comme il l'avait mérité, menaçant, en cas de désobéissance, de détruire tellement la ville et l'île, qu'il n'en resterait pas de traces. Ceux de Cos ne furent point intimidés. Ils répondirent que les menaces de Darius et de Xerxès n'avaient pu autrefois les porter à leur donner l'eau et la terre, ni à suivre leurs ordres : que celles d'Artaxerxe, n'auraient pas plus d'effet; que, quoi qu'il pût leur arriver, ils ne livreraient point leur concitoyen, et

6.

qu'ils comptaient sur la protection des dieux.

Hippocrate avait écrit qu'il se devait à ses compatriotes. En effet, dès qu'il fut mandé à Athènes, il s'y rendit, et ne sortit point de la ville que la peste ne fût cessée. Il se consacra tout entier au service des malades, et, pour se multiplier en quelque sorte, il envoya plusieurs de ses élèves dans tout le pays, après les avoir instruits de la manière dont ils devaient traiter les pestiférés. Un zèle si généreux pénétra les Athéniens de la reconnaissance la plus vive. Ils ordonnèrent, par un décret public, qu'Hippocrate serait initié aux grands mystères de la même manière que l'avait été Hercule, le fils de Jupiter : qu'on lui donnerait une couronne d'or de la valeur de mille staters, ce qui montait à cinq cents pistoles de notre monnaie ; et que le décret qui la lui accordait serait lu à haute voix par un hérault dans les jeux publics, à la grande fête des Panathénées : qu'il aurait le droit de bourgeoisie, et serait nourri dans le Prytanée pendant toute sa vie s'il le voulait, aux dépens de l'état : enfin, que les enfans de ceux de Cos, dont la

ville avait porté un si grand homme, pourraient être nourris et élevés à Athènes,
comme s'ils y étaient nés.

Cependant l'armée ennemie étant entrée
dans l'Attique, descendit vers la côte, et
s'avançant toujours, ravagea tout le pays.
Périclès, demeurant ferme dans le plan
qu'il s'était fait de ne point exposer le salut de l'état au hasard d'un combat, ne
permit point à ses troupes de sortir de la
ville; mais avant que les ennemis quittas-
sent le plat pays, il fit voile contre le Péloponèse avec cent galères, pour hâter
leur retraite par une puissante diversion;
et, après avoir fait le dégât comme la première année, il revint dans la ville. La
contagion y continuait toujours, aussi
bien que dans la flotte, et elle se com-
muniqua aux troupes qui assiégeaient Potidée.

La campagne s'étant terminée de la
sorte, les Athéniens, qui voyaient leur pays
ravagé en même temps par deux grands
fléaux, la guerre et la peste, commencèrent à perdre courage, et à murmurer
contre Périclès, qu'ils regardaient comme
l'auteur de tous leurs maux, parce qu'il les

avait engagés dans cette funeste guerre. Ils envoyèrent donc à Lacédémone pour tenter quelque voie d'accommodement, déterminés à céder ce qu'on leur demanderait : mais les ambassadeurs revinrent sans avoir pu rien obtenir. Alors les plaintes et les murmures recommencèrent de nouveau, et toute la ville était dans un trouble et dans une confusion qui faisait tout craindre. Périclès, dans une consternation si générale, ne put s'empêcher d'assembler le peuple, et il essaya de l'adoucir et de le rassurer en se justifiant lui-même. « Les « raisons, dit-il, qui vous ont déterminés « à entreprendre la guerre, et que vous avez « tous approuvées dans le temps, sont tou- « jours les mêmes, et n'ont point changé « par le changement des conjonctures, qu'il « ne m'était pas possible non plus qu'à « vous de prévoir. S'il vous eût été libre de « choisir entre la paix et la guerre, le pre- « mier parti certainement eût été préféra- « ble; mais, ne pouvant conserver votre « liberté que par la voie des armes, pou- « viez-vous délibérer? Si nous sommes de « véritables citoyens, nos disgraces parti- « culières doivent-elles nous faire négliger

« l'intérêt commun de l'état? Chacun sent
« son mal, parce qu'il est présent; et nul ne
« sent le bien qu'il en reviendra, parce qu'il
« ne paraît pas encore. Avez-vous oublié
« quelle est la force et la grandeur de vo-
« tre empire? Des deux parties du monde,
« la terre et la mer, vous possédez celle-ci
« absolument; et il n'y a ni roi ni puis-
« sance qui puisse résister à vos armées
« navales. Il s'agit maintenant de conserver
« cette gloire et cet empire, ou d'y renon-
« cer pour toujours. Ne vous affligez donc
« point pour être privés de la jouissance
« de quelques jardins et de quelques lieux
« de plaisance, qui ne doivent être estimés
« que comme la brodure du tableau, quoi-
« que vous en vouliez faire le principal.
« Considérez qu'en conservant la liberté
« vous les recouvrerez aisément; et qu'en
« la perdant vous perdez tout avec elle. Ne
« vous montrez pas moins généreux que vos
« pères, qui pour la conserver abandonnè-
« rent même leur ville, et qui, n'ayant pas
« reçu cette grandeur de leurs ancêtres,
« ont tout souffert et tout entrepris pour
« vous l'acquérir. J'avoue que les maux
« qui vous sont survenus sont extrêmes, et

« j'en suis touché et attendri comme je le
« dois. Mais est-il raisonnable de vous
« emporter de colère contre votre chef
« pour un accident qui surpasse toute pru-
« dence humaine, et de le rendre respon-
« sable d'un évènement où il n'a nulle part?
« Il faut souffrir patiemment les maux que
« le ciel nous envoie, et résister vigou-
« reusement à ceux que nous font les
« hommes. Quant à ce qui regarde la
« haine et la jalousie qui accompagnent
« votre fortune, c'est le partage ordinaire
« de tous ceux qui se sont estimés dignes
« de commander. Mais la haine et l'envie
« ne dureront pas toujours, au lieu que la
« gloire qui suit les belles actions est im-
« mortelle. Représentez-vous donc sans
« cesse combien il est honteux de céder à
« ses ennemis, et quel honneur il y a de
« l'emporter sur eux; et, animés par cette
« double vue, portez-vous aux dangers
« avec joie et courage, sans rechercher lâ-
« chement et inutilement les Lacédémo-
« niens comme vous faites; et songez que
« ceux qui témoignent le plus de cœur et
« de résolution dans les dangers rempor-
« tent le plus d'estime et de louange. »

Les motifs de gloire et d'honneur, le souvenir des belles actions de leurs ancêtres, le titre flatteur de maîtres de la Grèce, et surtout la jalousie contre Sparte, ancienne et perpétuelle rivale d'Athènes, étaient les moyens ordinaires qu'employait Périclès pour remuer et animer les Athéniens, et ils lui avaient toujours réussi. Mais ici le sentiment des maux présens l'emportait sur tout le reste, et étouffait toute autre pensée. Ils ne songèrent plus, à la vérité, à envoyer vers les Lacédémoniens pour parler de paix; mais la présence seule et la vue de Périclès les révoltait. Ils lui ôtèrent sa charge de général, et le condamnèrent à une amende, qui montait, selon les uns, à quinze talens, selon d'autres, à cinquante.

Cette disgrace publique de Périclès ne devait pas durer long-temps. La colère du peuple fut satisfaite par ce premier coup, et épuisée par ce mauvais traitement, comme l'abeille laisse son aiguillon dans la plaie. Il n'en fut pas de même de ses maux domestiques : car, outre qu'il avait perdu par la peste un grand nombre de ses parens et de ses amis, la division régnait depuis long-temps dans sa amille. Xanthippe, son fils aîné , qui aimait naturellement la dépense , et qui avait épousé une jeune femme qui ne l'aimait pas moins, ne pouvait supporter l'exacte économie de son père, qui ne fournissait que bien petitement à ses plaisirs. Il envoya donc emprunter quelque argent sous le nom de son père. Quand celui qui l'avait prêté voulut le redemander, non-seulement Périclès refusa de le payer , mais il l'appela en justice. Xantippe, outré de dépit , s'emporta extrêmement contre son père, et il le décriait partout, se moquant ouvertement des assemblées qu'il tenait dans sa maison, et des conversations qu'il avait avec les sophistes. Il ne savait pas qu'un fils, quand même il serait maltraité injustement, ce qui n'était point ici, doit souffrir avec patience les injustices de son père, comme un citoyen est obligé de souffrir celles de sa patrie.

Xantippe mourut de la peste. Périclès perdit en même temps sa sœur , avec plusieurs de ses parens et de ses amis les plus considérables , et qui lui étaient le plus nécessaires pour le gouvernement. Cepen-

dant il ne succomba point sous ces malheurs : la fermeté de son ame n'en fut
point ébranlée ; et on ne le vit ni pleurer,
ni donner les marques ordinaires de douleur sur le tombeau d'aucun de ses proches, jusqu'à la mort de Paralus, qui
était le dernier de ses enfans légitimes.
Alors, étonné et ébranlé par un si rude
coup, il fit tous ses efforts pour se maintenir dans son assiette naturelle, et pour
ne laisser entrevoir aucune marque de
trouble. Mais quand il voulut mettre la
couronne de fleurs sur la tête du mort, il
ne pût soutenir cette cruelle vue, ni être
le maître de sa douleur, qui éclata par des
cris, par des sanglots, et par un torrent
de larmes.

Périclès, séduit par les principes d'une
mauvaise philosophie, s'imaginait que
pleurer la mort de ses proches et de ses
enfans serait une faiblesse qui répondrait
mal à la grandeur d'ame qu'il avait toujours fait paraître, et qu'ici la sensibilité
de père ternirait la gloire du conquérant :
erreur grossière, illusion puérile, qui fait
consister l'héroïsme dans une dureté féroce et barbare ; ou qui, laissant dans le

fond du cœur la même douleur et le même trouble, fait parade d'un vain dehors de force et de courage pour se donner en spectacle. Est-ce donc que la vertu guerrière éteint la nature ? N'a-t-on plus de sentiment, parce qu'on est un homme important dans la république ? L'empereur Antonin pensait bien plus sensément lorsqu'à l'occasion de Marc-Aurèle, qui pleurait la mort de celui qui l'avait élevé, il disait : *Permettez-lui d'être homme ; car ni la philosophie, ni la souveraineté, ne rendent point insensible.*

L'inconstance était le caractère dominant du peuple d'Athènes ; et, comme elle le portait subitement aux plus grands excès, elle le ramenait aussi bientôt à la modération et à la douceur. Il ne fut pas long-temps sans se repentir du mauvais traitement qu'il avait fait à Périclès, et il desira ardemment de le revoir dans ses assemblées. Les Athéniens, à force de souffrir, commençaient à s'endurcir peu à peu aux malheurs particuliers, et à devenir de jour en jour plus sensibles à la gloire de l'état ; et, dans le desir qu'ils avaient d'en rétablir les affaires, ils ne voyaient personne qui en fût plus capable que lui. Il se tenait alors renfermé dans sa maison, accablé de douleur pour la perte qu'il venait de faire. Alcibiade et ses autres amis lui persuadèrent de sortir et de se montrer. Le peuple lui demanda pardon de son ingratitude ; et Périclès, touché de ses prières, et persuadé qu'un bon citoyen ne doit jamais conserver de ressentiment contre sa patrie, reprit le gouvernement.

Vers la fin de la seconde campagne, il était parti de Lacédémone des ambassadeurs chargés d'aller rechercher l'alliance du roi des Perses, et de l'engager à fournir de l'argent pour l'entretien de la flotte ; démarche honteuse pour des Lacédémoniens, qui se donnaient pour les libérateurs de la Grèce, et qui par là rétractaient ou ternissaient tout ce qu'ils avaient fait de glorieux pour elle contre les Perses ! Ils prirent leur chemin par la Thrace, dans le dessein de retirer Sitalcès de l'alliance des Athéniens, et de le porter à secourir Potidée. Ils rencontrèrent là des ambassadeurs d'Athènes, qui les firent arrêter comme perturbateurs du repos public, et les firent conduire à Athènes, où on les fit mourir le même jour sans vouloir leur donner audience, et l'on jeta leurs corps à la voirie, pour user de représailles à l'égard des Lacédémoniens, qui faisaient subir le même traitement à ceux qui n'étaient pas de leur parti. On a peine à comprendre comment deux villes unies peu de temps auparavant par une liaison si étroite, et qui devaient toutes deux se piquer de politesse et de douceur à l'égard l'une de l'autre, sont capables d'en venir à une haine si envenimée, et à une violence si cruelle, qui viole toutes les lois de la guerre, de l'humanité et du droit des gens, et qui les porte à de plus grands excès entre Grecs que si elles étaient en guerre contre les barbares.

Potidée était assiégée depuis près de trois ans. Les habitans, réduits à l'extrémité, et manquant de vivres, jusque là que quelques-uns vécurent de chair humaine, et n'espérant aucun secours du Péloponèse, dont les efforts dans l'Attique avaient été vains, se rendirent et furent reçus à composition. Ce qui porta les Athéniens à user de douceur à leur égard, fut, d'un côté, les maux extrêmes que la rigueur de l'hiver faisait souffrir aux assiégeans, et de l'autre la dépense excessive de ce siège, qui avait déja coûté deux * mille talens **. Ils sortirent donc avec leurs femmes et leurs enfans, tant citoyens qu'étrangers, sans avoir chacun plus d'un habit, et les femmes deux, et sans emporter autre chose que quelque peu d'argent pour leur retraite. Les Athéniens blâmèrent leurs généraux d'avoir fait cet accomodement sans leur ordre, parce que la ville, étant réduite à l'extrémité, se se serait rendue à discrétion. On y envoya une colonie.

[Av. J.-C. 429.] La première chose que fit Périclès après avoir été élu de nouveau général, ce fut de proposer qu'on cassât la loi que lui-même avait fait donner autrefois contre les bâtards lorsqu'il se voyait des fils légitimes. Elle portait qu'on ne

---

* Six millions.

** L'armée qui assiégeait Potidée était de trois mille hommes, sans compter les seize cents qui avaient été envoyés sous la conduite de Phormion. Les soldats recevaient chacun par jour deux dragmes (vingts sous) pour maître et valet, et ceux des galères étaient payés de même (Thucyd. II, pag. 182.)

7.

tiendrait pour Athéniens naturels et véritables que ceux qui seraient nés de père et
de mère athéniens ; et elle avait été exé-
cutée dans le moment avec beaucoup de
rigueur. Car le roi * d'Egypte ; ayant envoyé à Athènes un présent de quarante
mille mesures de blé pour être distribuées
au peuple, on fit à tous les bâtards , sur
les termes de la nouvelle ordonnance ,
milles procès et mille difficultés, qui jusque là n'avaient point eu lieu , et auxquels on n'avait point pensé. On en compta
plus de cinq mille qui furent condamnés et
vendus comme esclaves ; il y eut quatorze
mille quarante citoyens qui furent confir-
més dans leurs privilèges et reconnus pour
véritables Athéniens. Il paraissait fort
étrange que l'auteur même et le promo-
teur de cette loi en demandât la cassa-
tion. Mais les calamités domestiques de
Périclès touchèrent de compassion les Athéniens , et ils lui permirent de faire ins-

* Plutarque ne nomme point ce roi. Peut-être
que c'est Inarus, fils de Psammitique , roi de Li-
bye, qui avait fait révolter une partie de l'Egypte
contre Artaxerxe, et à qui les Athéniens , environ
trente ans auparavant , avaient envoyé du secours
contre les Perses. (THUCYD, lib I. pag. 68.)

crire son bâtard dans les registres des
citoyens de sa tribu, et de lui faire porter
son nom.

Peu de temps après il tomba malade de
la peste. Comme il était à l'extrémité et
sur le point de rendre l'ame, les principaux citoyens et les amis qui lui restaient,
s'entretenant ensemble dans sa chambre
de son rare mérite, parcouraient ses exploits, et comptaient le nombre de ses
victoires : car, étant général des Athéniens,
il avait érigé à la gloire de sa ville neuf
trophées, pour autant de batailles qu'il
avait gagnées. Ils ne croyaient pas être
entendus du malade, qui paraissait n'a-
voir plus de connaissance ; mais il ne lui
était pas échappé une seule parole de tout
ce qu'ils avaient dit, et rompant tout d'un
coup le silence : « Je m'étonne, dit-il, que
« vous conserviez si bien dans votre mé-
« moire et que vous releviez si fort des
« choses auxquelles la fortune a tant de
« part, et qui me sont communes avec tant
« d'autres capitaines, pendant que vous
« oubliez ce qui est de plus grand dans ma
« vie et de plus glorieux pour moi ; c'est,
« ajouta-t-il, qu'il n'y a pas un seul ci-

« toyen à qui j'aie fait prendre le deuil. »
Belle parole, et que bien peu de ceux qui
sont dans les premières places peuvent dire
avec vérité ! Il est aisé de juger combien
Athènes regretta un tel citoyen.

On a remarqué sans doute, dans ce qui
a été dit de Périclès, qu'il réunissait en
lui seul presque toutes les sortes de mé-
rites qui peuvent former les grands hommes : d'amiral, par son habileté dans la
marine ; d'excellent capitaine, par ses conquêtes et ses victoires ; de surintendant
des finances, par le bon ordre qu'il y mit ;
de grand politique, par l'étendue et la
justesse de ses vues, par son éloquence
dans les délibérations publiques, et par
sa dextérité dans le maniement des affaires
de ministre d'état, par les moyens qu'il
sut employer pour faire fleurir le commerce et tous les arts ; enfin de père de
la patrie, par le bonheur dont il fit jouir
tous les membres de la république, et
qu'il se proposa toujours comme le véritable but de son gouvernement.

Mais je ne dois pas omettre ici un au-
re caractère, qui lui est propre uniquement, Il se conduisit avec tant de sagesse,

de modération, de désintéressement, de zèle pour le bien public ; il montra en tout une si grande supériorité de talens , et il donna une si haute idée de son expérience, de sa capacité et de sa droiture, qu'il gagna généralement la confiance de tous les Athéniens, et fixa en sa faveur leur inconstance naturelle pendant un gouvernement de quarante ans. Il désarma la jalousie qu'une délicatesse excessive pour la liberté leur faisait concevoir contre tous les citoyens qui se distinguaient par leur mérite et par. l'autorité du commandement. Et , ce qui est plus merveilleux, il fit tout cela par persuasion, sans contrainte, sans bas artifices , et sans aucun de ces moyens qu'une politique ordinaire se pardonne , sous le spécieux prétexte de la nécessité des affaires et des intérêts de l'état.

Anaxagore mourut la même année que Périclès. Plutarque rapporte de lui un fait arrivé quelque temps auparavant, qui ne doit pas être omis. On dit que ce philosophe, qui s'était réduit volontairement à une extrême pauvreté pour mieux s'appliquer à l'étude, se voyant dans sa vieillesse négligé par Périclès, lequel, accablé d'affaires, n'avait pas toujours le temps de penser à lui, se coucha, la tête * couverte de son manteau, dans la résolution de se laisser mourir de faim. Périclès, en ayant été averti par hasard, courut à sa maison avec une extrême diligence, tout eperdu et désolé. Il employa les prières les plus tendres et les plus touchantes pour le porter à vivre, ajoutant que ce n'était pas lui qu'il pleurait, mais qu'il se pleurait lui-même, s'il était assez malheureux pour perdre un ami si sage, si fidèle et si capable de lui donner de bons conseils dans les pressans besoins de la république. Alors Anaxagore se découvrant un peu la tête, lui dit : Périclès, ceux qui ont affaire de la lumière d'une lampe ont soin d'y verser de l'huile. Le reproche était doux, mais vif et pénétrant. Périclès aurait dû le prévenir. Bien des lampes s'éteignent ainsi, dans un état, par la faute et la négligence de ceux qui devraient les entretenir.

* C'était la contume de se couvrir la tête lorsqu'on était dans le dernier désespoir, et qu'on renonçait à la vie.

IVe et V^e année de la guerre.

§ III. (Av. J.-C. 428.) Ce qu'il y eut de plus mémorable dans les années suivantes fut le siège que les Lacédémoniens avaient mis devant Platée, l'un des plus célèbres de l'antiquité par la grandeur des travaux de part et d'autre, mais surtout par la généreuse résistance des assiégés, et par l'industrieux et hardi stratagème à la faveur duquel plusieurs d'entre eux sortirent de la ville, et se dérobèrent à la fureur des ennemis. Les Lacédémoniens formèrent ce siège au commencement de la troisième campagne. Dès qu'ils se furent campés devant la ville pour faire le dégât aux environs, les Platéens envoyèrent représenter à Archidamus, qui commandait, qu'il ne pouvait justement attaquer, parce qu'après la célèbre bataille de Platée, Pausanias, général des Grecs, sacrifiant dans leur ville à Jupiter Libérateur, en présence de tous les alliés, les avait affranchis pour récompense de leur valeur et de leur zèle, et qu'ainsi l'on devait les laisser jouir de la liberté qu'un Lacédémonien leur avait accordée. Archidamus répondit que leur demande serait raisonnable, s'ils ne s'étaient pas joints aux Athéniens, les ennemis déclarés de la liberté des Grecs ; que, s'ils voulaient quitter leur parti, ou du moins demeurer neutres, on leur laisserait la parfaite jouissance de leurs privilèges. Les députés repartirent qu'il leur était impossible de rien conclure sans la participation d'Athènes, où étaient leurs femmes et leurs enfans. On leur promit d'y envoyer. Sur l'assurance que leur donnèrent les Athéniens de les secourir de tout leur pouvoir, les Platéens résolurent de souffrir les dernières extrémités plutôt que de se rendre ; et ils firent savoir aux Lacédémoniens, de dessus leurs murailles, qu'ils ne pouvaient faire ce qu'on desirait.

Alors Archidamus, après avoir pris les dieux à témoin qu'il ne violait pas le premier l'alliance, et qu'il n'était pas coupable de tous les maux qui arriveraient aux Platéens pour avoir refusé les conditions justes et raisonnables qu'on leur offrait, se prépara au siège. Il renferma la ville d'une contrevallation d'arbres étendus tout de leur long et près à près, avec toutes leurs branches entrelacées les unes dans

les autres, et tournées du côté de la ville,
pour empêcher que personne n'en sortît.
Ensuite il fit élever une plate-forme ou ca-
valier pour dresser les batteries, dans l'espérance d'emporter bientôt la place, à
cause du grand nombre de travailleurs.
Il fit donc couper des arbres sur la montagne de Cythéron, et les entrelaça de fascines, pour soutenir la terrasse de part et
d'autre; puis il fit jeter dedans du bois, de
la terre et des pierres, en un mot, tout ce
qui pouvait servir à la remplir. Toute l'armée y travailla jour et nuit, sans interrup-
tion, l'espace de soixante et dix jours, la
moitié se reposant tandis que l'autre tra-
vaillait.

Comme les assiégés virent que l'ouvrage
commençait à s'élever, ils dressèrent un
mur de bois sur les murailles de la ville,
vis-à-vis de la plate-forme, afin de se conserver toujours la supériorité au-dessus
des assiégeans, et remplirent le creux de
cette muraille de bois, de briques, prises
des démolitions des maisons voisines; en
sorte que les pièces de bois servaient
comme de liaison et de défense pour empêcher que le mur ne s'éboulât en venant

à s'élever. Il était garni par dehors de peaux et de cuirs pour mettre à couvert le travail et les travailleurs contre les feux qu'on lançait. A mesure qu'il s'élevait, on haussait la plate-forme, qui devint aussi fort haute. Mais les assiégés percèrent la muraille vis à-vis pour enlever la terre qui soutenait la plate-forme; ce que les assiégeans ayant aperçu, ils mirent des paniers de jonc remplis de mortier en la place de la terre que l'on avait enlevée, parce qu'on ne pouvait pas les emporter si aisément. Les assiégés donc, voyant leur première ruse éventée, minèrent sous terre jusqu'à la plate-forme, pour travailler à couvert, et pour en tirer les terres et les autres matériaux dont elle était composée, qu'ils se donnaient de main en main jusque dans la ville. Les assiégeans furent long-temps sans s'en apercevoir, jusqu'à ce qu'ils virent que leur ouvrage n'avançait point et que la terre s'affaissait à mesure qu'on en mettait de nouvelle. Mais les assiégés, qui jugeaient que le plus grand nombre l'emporterait à la fin, sans plus s'amuser à ce travail, ni à élever davantage le mur du côté de la batterie, se contentèrent d'en cons-

truire un autre en dedans en forme de croissant, qui tenait des deux côtés à la muraille,
pour servir de retraite quand le premier
mur serait forcé, pour obliger l'ennemi à
un second travail.

Cependant les assiégeans, ayant dressé
leurs machines, sans doute après avoir
comblé le fossé, quoique Thucydide n'en
parle point, donnèrent de violentes se-
cousses au mur de la ville; ce qui alarma
fort les assiégés, mais ne les découragea
point. Il n'y eut point d'inventions qu'ils
ne missent en œuvre contre les batteries
des ennemis. Ils rompaient les efforts du
bélier avec des cordes * qui en détour-
naient le coup. Ils usaient encore d'un autre artifice, attachant par les deux bouts une
grosse poutre avec de longues chaînes de
fer, qui tenaient de part et d'autre à deux
grandes pièces de bois, lesquelles s'étendaient de côté et étaient appuyées sur la
muraille; et lorsque la machine des enne-

---

* Le bout d'en bas de ces cordes formait plusieurs branches en lacs courans, avec lesquels
on saisissait la tête du bélier, qu'on élevait en
haut par le moyen de la machine.

nis venait à jouer, ils levaient cette poutre et la laissaient tomber de travers sur la pointe du bélier, ce qui en émoussait toute la force, et le rendait sans effet.

Les assiégeans, voyant que l'attaque ne leur réussissait pas, et qu'on opposait un nouveau mur à leur plate forme, désespérèrent de forcer la place, et résolurent à la bloquer. Mais ils essayèrent auparavant d'y mettre le feu, croyant la pouvoir brûler aisément à cause de sa petitesse, en prenant l'occasion de quelque grand vent; car ils tentaient tous les moyens imaginables pour s'en rendre maîtres promptement et sans dépense. Ils jetèrent donc des fascines dans l'espace qui se trouvait entre les murs de la ville et les retranchemens dont ils les avaient environnés, et remplirent en très peu de temps cet intervalle à cause de la multitude de leurs gens, afin de mettre le feu en même temps dans différens quartiers : puis ils l'allumèrent avec de la poix et du soufre; ce qui causa tout-à-coup un si grand embrasement, qu'il ne s'en est jamais vu de semblable. Cette invention faillit à perdre la ville, qui avait résisté à toutes les autres : car

on ne pouvait aborder en plusieurs quartiers ; et si le temps eut été favorable,
comme l'espéraient les ennemis, c'était fait
de la place : mais il survint en un instant,
à ce que l'on dit, une grosse pluie qui étei-
gnit le feu.

Ce dernier effort des assiégeans ayant
été rendu inutile comme tous les précédens
ils convertirent le siège en blocus, et environnèrent la ville d'un mur de brique, revêtu en dedans et en dehors d'un fossé
profond. Ce travail fut partagé entre toutes les troupes ; et lorsqu'il fut fait, ils laissèrent des gens pour en garder la moitié,
car les Béotiens s'offrirent à garder l'autre ;
et ils se retirèrent chacun chez soi, vers le
mois d'octobre. Au reste, il n'y avait dans
la ville que quatre cents habitans et quatre-vingts Athéniens, avec cent dix femmes
pour leur apprêter à manger, sans aucune
autre personne, soit libre ou esclave, le
reste ayant été envoyé à Athènes avant le
siège.

Il eut pendant la campagne quelques
actions entre les deux partis, tant par
terre que par mer, que je passe sous silence, parce qu'elles ne sont pas impor-
tantes.   8.

L'été suivant, qui était la quatrième année de la guerre, les habitans de Lesbos, à la réserve de ceux de Méthymne, résolurent de quitter l'alliance des Athéniens. Ils avaient eu dessein de se soulever avant que la guerre fût déclarée; mais les Lacédémoniens ne voulurent pas alors les recevoir : ceux de Méthymne en donnèrent avis aux Athéniens, et leur firent dire que, si l'on ne se hâtait, l'île était perdue. Dans l'abattement où les maux causés par la peste et la guerre avaient jeté les Athéniens, ce fut pour eux un surcroît d'affliction d'apprendre la révolte d'une île si considérable, dont les forces, qui n'avaient point été affaiblies jusque-là, allaient passer aux ennemis, et les fortifieraient tout d'un coup d'une puissante armée navale. Ils firent donc partir sur-le-champ quarante galères, destinées pour le Péloponèse, qui firent voile vers Mitylène. Les habitans, extrêmement surpris, parce qu'ils n'avaient encore rien de prêt, ne laissèrent pas, pour imposer à l'ennemi par une bonne contenance, de sortir du port avec leurs vaisseaux; mais, ayant été repoussés, ils parlèrent d'accommodement, et les Athéniens y prêtèrent l'oreille, dans l'appréhension de n'être pas assez forts pour faire rentrer l'île dans son devoir. On fit donc une suspension d'armes, pendant laquelle les Mityléniens envoyèrent des députés à Athènes. La crainte de ne pouvoir obtenir leur demande leur en fit dépêcher en même temps d'autres à Lacédémone pour demander du secours. Leur prévoyance n'avait pas été vaine : la réponse qu'on rapporta d'Athènes fut peu favorable.

Les ambassadeurs de Mitylène étant arrivés à Lacédémone après une dangereuse navigation, on remit à leur donner audience aux jeux olympiques, afin que les alliés pussent entendre leurs plaintes. Je rapporterai en entier le discours qu'ils y tinrent, qui peut donner en même temps une juste idée et du style de Thucydide, et de la disposition des peuples à l'égard des Athéniens et des Lacédémoniens. « Messieurs, dirent-ils, nous savons que c'est la coutume de traiter favorablement d'abord les transfuges à cause du service qu'on en tire, mais de les mépriser après comme des traîtres qui ont abandonné leur parti. Ce sentiment n'est pas injuste lorsque rien ne les oblige à changer, et que de part et d'autre c'est toujours même union et mêmes secours réciproques. Les choses n'en sont pas là entre les Athéniens et nous, et nous vous prions de ne point vous prévenir contre notre démarche, sur ce qu'après en avoir été traités favorablement pendant la paix, nous nous retirons de leur alliance dans le temps de leur disgrace : car paraissant ici pour vous demander de nous recevoir au nombre de vos alliés et de vos amis, c'est sur l'équité et la nécessité de cette démarche que nous devons commencer à nous justifier, ne pouvant y avoir ni de véritable amitié entre les particuliers, ni de solide alliance entre les villes, si l'une et l'autre n'est fondée sur la vertu et sur l'uniformité de principes et de sentimens.

« Pour entrer donc en matière, le traité que nous fîmes avec les Athéniens ne fut pas pour assujétir la Grèce, mais pour l'affranchir du joug des barbares, et il fut conclu après la retraite des Perses, lorsque vous abandonnâtes le commandement.

Nous l'avons entretenu de bon cœur, tandis qu'ils n'ont eu que de justes desseins ; mais, quand nous avons vu qu'ils quittaient les ennemis pour faire la guerre aux alliés, nous sommes entrés en défiance de leur conduite. Et comme il était difficile, dans une si grande diversité d'intérêts et de sentimens, de demeurer tous bien unis ensemble, et encore plus difficile de se soutenir contre eux étant seuls et séparés, ils ont assujéti peu à peu tous les alliés, excepté ceux de Chio et nous, et ils se sont servis pour cela de nos forces ; car, nous laissant la liberté en apparence, ils nous ont contraints de les suivre, quoique nous ne pussions plus nous assurer sur leur parole, et que nous eussions grand sujet d'appréhender pour nous le même traitement. En effet, quelle apparence y a-t-il qu'ayant mis tous les autres sous le joug nous soyons les seuls qu'ils respectent, et qu'ils souffrent de nous voir leurs égaux, pouvant devenir nos maîtres, surtout leur puissance croissant tous les jours, et la nôtre s'affaiblissant à proportion ? La crainte mutuelle que des alliés ont les uns des autres est un puissant lien pour rendre une

alliance ferme, et empêcher des entreprises injustes et violentes, en tenant tout dans
l'équilibre. S'ils nous ont donc laissé la liberté, ce n'a été que parce qu'ils ne pouvaient pas encore se rendre maîtres des affaires par la force ouverte, mais seulement
par cette équité et cette douceur apparente
qu'ils ont montrée à notre égard. Premièrement, ils prétendaient prouver, par la conduite modérée qu'ils tenaient envers nous,
que, libres comme nous l'étions, nous
n'eussions pas marché avec eux contre les
autres alliés, s'ils ne leur eussent donné un
juste sujet de plainte : en second lieu, n'attaquant d'abord que les plus faibles, et les
domptant l'un après l'autre, ils se mettaient
en état, par la ruine des premiers, de subjuguer sans peine les plus puissans, qui se
trouveraient à la fin seuls et sans appui ; au
lieu que, s'ils eussent commencé par nous,
dans le temps qu'ils avaient encore toutes
leurs forces et pouvaient former un parti,
ils n'eussent pas trouvé tant de facilité dans
l'exécution de leurs desseins. D'ailleurs not e flotte, qui était très nombreuse, et capable de fortifier considérablement le parti
de ceux à qui nous nous joindrions, les te-

nait en bride. Ajoutez à cela que le soin
que nous avons toujours eu de ménager
leur république, et de nous concilier ceux
qui commandaient, a reculé notre ruine.
Mais c'en était fait de nous, si cette guerre
ne fût survenue; et le sort des autres ne
nous laisse pas lieu d'en douter.

« Quelle amitié donc et quelle alliance
durable peut-il y avoir entre des gens qui
ne demeurent amis et alliés que par force?
car, s'ils étaient obligés de nous carresser
durant la guerre, pour nous empêcher de
nous joindre à leurs enuemis, nous étions
contraints d'en faire autant durant la paix,
pour les empêcher de nous attaquer. Ce
que l'affectiou fait ailleurs, la crainte le
faisait ici : c'est ce qui a fait durer quelque
temps une alliance qui, de part et d'autre
pour être rompue, n'attendait qu'une occasion favorable : que personne donc ne
nous impute de les avoir prévenus. Nous
n'avions pas toujours le moyen de nous
sauver comme ils avaient celui de nous perdre. Il a fallu ménager l'occasion avant
que d'éclater ouvertement.

« Voilà, messieurs, les raisons qui nous
obligent maintenant à rechercher votre

alliance; raisons dont l'équité et la justice, à ce qu'il nous semble, sont frappantes, et qui ont dû nous porter à chercher notre sûreté. Nous nous serions mis plus tôt sous votre protection, si vous aviez voulu plus tôt nous recevoir; car, avant même que la guerre éclatât, nous nous offrîmes à vous. Maintenant nous sommes venus, à la persuasion des Béotiens, vos alliés, pour nous détacher des oppresseurs de la Grèce et prêter nos armes à ses défenseurs, et afin de pourvoir en même temps à notre sûreté, qui est dans un péril imminent. S'il y a quelque chose à dire à notre conduite, c'est d'avoir éclaté trop tôt, avec plus de générosité que de prudence, et sans avoir aucun préparatifs. Mais cela vous doit porter aussi à nous secourir plus promptement, pour ne pas perdre l'occasion de protéger les opprimés et de vous venger de vos ennemis. Jamais elle ne fut plus favorable que dans la conjoncture présente, où la peste et la guerre ont consumé leurs forces et épuisé leurs revenus, outre que leur armée navale est partagée: et ils ne seront point en état de vous résister, si vous les attaquez en même temps

par mer et par terre ; car, ou ils nous quit-
teront pour aller à vous, et nous laisseront
la liberté de vous secourir, ou ils nous en-
treprendront tous ensemble, et par ce
moyen vous n'aurez affaire qu'à la moitié
de leurs forces.

« Du reste, que personne ne s'imagine
que vous vous mettiez en danger pour des
gens qui ne vous peuvent rendre de services. Il est vrai que notre état est reculé,
mais notre secours est proche. Car la
guerre sera, non dans l'Attique comme on
se l'imagine, mais dans le pays qui fait
subsister l'Attique par ses revenus ; et nous
n'en sommes pas loin. Faites aussi réflexion
qu'en nous abandonnant vous augmenterez
leur puissance de la nôtre, et que personne
n'osera plus se déclarer contre eux. Mais
en nous assistant, vous vous fortifierez
d'une armée navale qui vous manque ; vous
donnerez lieu à plusieurs de se ranger de
votre côté à notre exemple, et vous évite-
rez le reproche qu'on vous fait d'abandonner ceux qui ont recours à votre protection, ce qui ne sera pas pour vous d'un
médiocre avantage pour le succès de la
guerre.

« Nous vous prions donc, messieurs, au nom de Jupiter Olympien, dans le temple duquel nous sommes, de ne pas frustrer l'espérance des Grecs, et de ne pas rejeter des supplians dont la conservation peut vous être fort utile, et la ruine infiniment pernicieuse. Montrez-vous ici tels que le demandent et l'idée qu'on a conçue de votre générosité, et l'extrémité du danger où nous nous trouvons, c'est-à-dire les protecteurs des affligés, et les libérateurs de la Grèce. »

Les alliés, touchés de ces raisons, les reçurent dans l'alliance du Péloponèse. Aussitôt il fut résolu qu'on entrerait promptement dans le pays ennemi, et que les alliés se trouveraient à Corinthe avec les deux tiers de leurs forces. Les Lacédémoniens s'y rendirent les premiers, et préparèrent là, des machines pour transporter les vaisseaux du golfe de Corinthe en la mer d'Athènes, afin d'attaquer l'Attique par terre et par mer. L'ardeur fut grande de leur côté : mais les alliés, occupés à leur moisson, et commençant déjà à se lasser de la guerre, furent long-temps à s'assembler.

Cependant les Athéniens, qui voyaient que tous ces préparatifs se faisaient contre eux par l'opinion qu'on avait de leur faiblesse, pour détromper les esprits, et faire voir qu'ils étaient en état d'entretenir une armée navale sans toucher à celle de Lesbos, mirent en mer une flotte de cent voiles, qu'ils remplirent tant de citoyens que d'étranger, sans exempter aucun des citoyens, sinon ceux qui étaient obligés de servir à cheval, ou qui avaient de revenu cinq cents mesures de blé. Ayant paru à la hauteur de l'isthme de Corinthe pour faire parade de leur puissance, ils descendirent où ils voulurent dans le Péloponèse.

Jamais ils n'avaient eu une plus belle armée navale. Ils gardaient leur pays et les côtes de l'Eubée et de Salamine avec une flotte de cent voiles : ils voguaient autour du Péloponèse avec une autre de pareil nombre, sans compter les navires qui étaient devant Lesbos et ailleurs. Le tout montait à plus de deux cent cinquante galères. La dépense de ce puissant armement acheva de consumer leurs trésors, qui avaient déjà été fort diminués par celle du siège de Potidée.

Les Lacédémoniens fort surpris d'un si terrible appareil auquel ils ne s'étaient pas attendus, revinrent promptement dans leur pays, et se contentèrent d'ordonner quarante galères pour le secours de Mitylène. Les Athéniens y avaient envoyé un renfort de troupes de mille soldats pesamment armés; par le secours desquels on fit une contrevallation, avec des forts aux endroits les plus commodes; de sorte qu'elle se trouva bloquée par mer et par terre au commencement de l'hiver. Dans le besoin pressant où se trouvèrent les Athéniens d'avoir de l'argent pour pousser ce siège, ils se virent contraints de se cotiser eux-mêmes, ce qu'ils n'avaient point encore fait, et y firent tenir deux cents talens.

(Av. J.-C, 427. Les Mityliens, manquant de tout et ayant inutilement attendu le secours que les Lacédémoniens leur avaient fait espérer, se rendirent à condition qu'on ne ferait mourir ni emprisonner personne jusqu'au retour des députés qu'on enverrait à Athènes, et que cependant on laisserait entrer les troupes dans la ville. Quand les Athéniens en furent maîtres, les factieux, qui d'abord avaient recours à la franchisse des autels, furent conduits à Ténédos, et quelques temps après menés à Athènes. On y mit en délibération l'affaire des citoyens de Mitylène. Comme leur révolte avait extrêmement aigri le peuple, parce qu'elle n'avait été précédée d'aucun mauvais traitement, et qu'elle paraissait n'avoir été l'effet que de leur haine contre les Athéniens, dans le premier mouvement de colère on conclut à faire mourir sans distinction tous les habitans, et à réduire les femmes et les enfans en servitude, et l'on fit partir sur-le-champ une galère pour mettre le décret à exécution.

La nuit donna lieu aux réflexions. La sévérité parut excessive et poussée au-delà des justes bornes. On se représenta le sort de cette malheureuse ville abandonnée tout entière au carnage, et l'on se repentit d'avoir confondu les innocens avec les coupables. Ce changement subit des esprits donna quelque lueur d'espérance aux députés de Mitylène, et ils obtinrent des magistrats qu'on remît de nouveau l'affaire en délibération. Cléon, auteur du premier décret, homme violent et d'une grande autorité parmi le peuple, soutint son sentiment avec beaucoup de force et de chaleur. Il montra combien il était indigne d'un sage gouvernement de changer ainsi à tout vent, et de casser le matin ce qu'on avait ordonné la veille, et de quelle importance il était pour les suites d'arrêter par une punition exemplaire les révoltes prêtes à éclater partout.

Diodore qui avait déjà contredit Cléon dans la première assemblée, le fit encore ici plus vivement. Après avoir décrit d'une manière touchante et pathétique le déplorable état de Mitylène livrée aux troubles et aux tourmens d'une cruelle inquiétude, dans l'attente d'une sentence qui devait décider de leur vie ou de leur mort, il fit ressouvenir les Athéniens de la réputation de bonté, de douceur et de clémence qui leur avait fait jusque-là tant d'honneur, et qui les avait distingués si glorieusement entre tous les autres peuples. Il leur fit remarquer que le peuple de Mitylène n'avait été entraîné dans la révolte que malgré lui, et la preuve en était qu'il leur avait livré la ville sitôt qu'il

en avait été le maître; c'étaient donc leurs
bienfaiteurs qu'ils égorgeaient par leurs
suffrages, se montrant ingrats et injustes
en même temps, puisqu'ils punissaient
également les innocens et les coupables.
Il ajoutait que, quand même ils seraient
tous criminels, leur propre intérêt demandait qu'on dissimulât pour ne point irriter le reste des alliés par la rigueur du châ-
timent; et que le moyen d'apaiser le mal
était de laisser une porte au repentir, et non
de jeter les hommes dans le désespoir par
un refus absolu et irrévocable du pardon.
Son avis fut donc d'examiner avec matu-
rité la cause des factieux qu'on avait ame-
nés à Athènes, et d'accorder le pardon au
reste des habitans.

Les opinions furent partagées, et l'avis
de Diodore ne l'emporta que de quelques
voix. On fit partir sur l'heure même une
seconde galère. Elle fut pourvue de tout ce
qui pouvait hâter sa course, et les députés
de Mitylène promirent une grande récompense à ceux qui la conduisaient, si elle
arrivait à temps. Les rameurs firent des
efforts extraordinaires. Ils ne quittèrent
point leurs rames pour prendre leur nour-

riture, mais il mangeaient et buvaient en ramant, et dormaient tour à tour; et heureusement le vent leur était favorable. La première galère avait eu un jour et une nuit d'avance : mais comme elle portait une triste nouvelle, elle ne s'était pas fort hâtée. Son arrivée dans la ville y avait répandu la consternation. Elle augmenta infiniment quand on eut lu en pleine assemblée l'arrêt de mort prononcé contre tous les citoyens. Ce ne furent que cris et hurlemens dans toute la ville. Dans le moment qu'on se préparait à exécuter l'arrêt, on apprit qu'il était arrivé une seconde galère. Tout fut suspendu. On convoqua de nouveau l'assemblée, et la lecture de l'arrêt qui accordait la grace fut écoutée avec un silence et une joie qu'il est plus aisé de concevoir que d'exprimer.

Pour les factieux que l'on avait pris, ils furent tous exécutés, quoiqu'ils fussent au nombre de plus de mille. La ville ensuite fut démantelée, les vaisseaux livrés, et toute l'île, excepté la ville de Méthymne, partagée en trois mille parts, dont on consacra trois cents au service des dieux; le reste fut distribué au sort à des habitans d'Athènes qu'on y envoya, à qui ceux du pays donnèrent deux mines de revenu pour chaque part, moyennant quoi ils demeurèrent possesseurs de l'île, quoiqu'ils n'en fussent plus les propriétaires. Les villes qui appartenaient aux Mityléniens sur la côte d'Asie, furent réduites à l'obéissance d'Athènes.

Pendant l'hiver de la campagne précédente, ceux de Platée, se voyant sans espérance de secours, et manquant de vivres, firent dessein de se sauver à travers les troupes des ennemis : mais la moitié, étonnés de la grandeur du péril et de la hardiesse de l'entreprise, perdirent courage lorsqu'ils la fallut exécuter : le reste, qui montait environ à deux cent vingt soldats, persista dans sa résolution, et se sauva de la manière que je vais dire.

Avant que d'en commencer la description, je dois avertir en quel sens je prends certaines expressions que j'y emploierai. A proprement parler, la ligne ou fortification qu'on dresse autour d'une ville assiégée pour en empêcher les sorties s'appelle *contrevallation*; et celle qu'on dresse pour empêcher le secours de dehors se

nomme *circonvallation*. L'une et l'autre se
trouvent ici : mais pour abréger, je me
servirai du premier terme.

La contrevallation était composée de
deux murs, à seize pieds de distance. L'espace d'entre les deux murs étant en manière de plate-forme ou de terrasse, ne paraissant qu'un seul bâtiment, et formait un
corps de caserne où logeaient les soldats
dans les chambres qui y étaient pratiquées.
On y avait bâti de hautes tours d'espace en
espace qui s'étendaient d'un mur à l'autre,
pour se pouvoir défendre en même temps
contre ceux du dedans et contre ceux du
dehors. On ne pouvait passer d'une chambre à une autre qu'en traversant ces tours,
et le haut de la muraille était bordé des
deux côtés d'un parapet où l'on faisait garde
ordinairement : mais durant la pluie les
soldats se mettaient à couvert dans les
tours, qui servaient de corps-de-garde.
Voilà l'état de la contrevallation, qui avait
un fossé de part et d'autre, dont la terre
avait servi à faire la brique du mur.

Les assiégés commencèrent par prendre
la hauteur du mur en comptant les rangs
de brique dont il était composé, ce qui

se fit à plusieurs fois et par diverses personnes, pour ne se pas abuser au compte.
Il fut d'autant plus facile de s'en assurer
que, le mur n'étant pas fort éloigné, on
le découvrait tout à plein. On fit donc les
échelles à proportion.

Lorsque tout fut prêt pour l'exécution
du dessein, les assiégés sortirent pendant
une nuit qui était sans lune, et où il faisait une grande pluie et un grand vent.
Après avoir passé le premier fossé, ils s'ap-
prochèrent de la muraille sans être découverts, à cause de l'obscurité de la nuit,
outre que le vent et la pluie empêchaient
qu'on ne pût rien entendre. Ils marchaient
un peu éloignés, afin de ne point s'entre-
choquer avec leurs armes, qui étaient légères, pour les rendre plus agiles ; et ils
n'avaient des chaussures qu'à un pied,
pour ne pas glisser si facilement dans la
boue. Ceux qui portaient les échelles les
posaient dans l'espace qui était entre les
tours, où ils savaient qu'il n'y avait personne en garde, à cause de la pluie. A
l'instant montèrent douze hommes, sans
autres armes que la cuirasse et le poignard,
et marchèrent aussitôt vers les tours, six

d'un côté, et six de l'autre. Ils furent suivis par des soldats armés seulement de javelots, pour monter plus aisément ; et l'on portait après eux leurs boucliers, afin qu'ils pussent s'en servir dans la mêlée.

Comme la plupart de ceux-ci étaient au haut du mur, ils furent découverts par le moyen d'une tuile que l'un d'eux fit tomber en montant, pour avoir empoigné le parapet, afin de se tenir plus ferme. Incontinent on jette un cri du haut des tours, et tout le camp s'approche du mur sans savoir ce que c'était, à cause de l'orage et de la nuit. D'ailleurs, ceux qui étaient restés dans la ville donnèrent l'alarme en même temps d'un autre côté pour faire diversion ; de sorte que l'ennemi en suspens n'osait quitter son poste. Mais un corps de réserve de trois cents hommes, destiné pour les accidens inopinés, sortit de la contre-vallation pour courir au bruit, et on leva des flambeaux du côté de Thèbes pour montrer que c'était de ce côté-là qu'il fallait courir. Ceux de la ville, pour rendre ce signal inutile, en levèrent d'autre en même temps de divers endroits ; car ils les tenaient tout prêts sur la muraille pour cet effet.

Cependant les premiers qui étaient mon-
tés s'étant saisis des deux tours qui flan-
quaient l'intervalle où étaient plantées les
échelles, et ayant tué ceux qui les gardaient, s'y postèrent pour en défendre le
passage et pour empêcher qu'on ne vînt à
eux. Alors posant des échelles du haut
de la muraille contre les deux tours, ils
y firent monter un bon nombre de leurs
gens pour en défendre l'approche à coups
de traits, tant contre ceux qui accouraient
au pied du mur, que contre ceux qui venaient des tours prochaines. Pendant ce
temps-là on eut le loisir de planter plusieurs échelles et d'abattre le parapet pour
faire monter le reste plus aisément. A mesure qu'ils montaient, ils descendaient de
l'autre côté, et se rangeaient sur le bord du
fossé qui était en dehors pour tirer contre
ceux qui se présentaient. Après qu'ils furent
passés, ceux qui étaient dans les tours descendirent les derniers, et coururent au fossé
pour passer comme les autres.

Dans ce moment arriva la garde des
trois cents avec des flambeaux. Toutefois,
comme on les voyait mieux à la clarté des
flambeaux qu'on en était vu, on tirait con-

tre eux plus juste, de sorte que les derniers passèrent le fossé sans être attaqués au passage : mais ce ne fut pas sans peine, parce que le fossé était gelé, et que la glace ne portait pas à cause du dégel et de la pluie. La violence de l'orage fut pour eux d'un grand secours.

Lorsqu'ils furent tous passés, ils prirent le chemin de Thèbes pour couvrir mieux leur retraite, parce qu'il n'y avait pas d'apparence qu'ils se dussent sauver vers une ville ennemie. Aussi virent-ils les assiégeans avec des flambeaux qui les cherchaient sur le chemin d'Athènes. Après avoir suivi celui de Thèbes pendant six ou sept stades *, ils tournèrent tout court vers la montagne et reprirent la route d'Athènes, où deux cents douze se sauvèrent et deux cents vingt qui étaient sortis, le reste ayant rebroussé chemin faute de cœur, à la réserve d'un archer qui fut pris sur le bord du fossé de la contrevallation. Les assiégeans, après les avoir poursuivis en vain, retournèrent à leur camp.

Cependant ceux qui étaient dans la ville,

---

* Plus d'un quart de lieue.

croyant que leurs compagnons avaient été tous tués, parce que ceux qui étaient de retour le disaient pour se justifier, envoyèrent un héraut pour redemander les corps : mais ayant appris la vérité, il se retira.

Vers la fin de la campagne suivante, qui est celle où Mitylène fut prise, ceux de Platée manquant de vivres et de tout moyen de se défendre, se rendirent à condition qu'on ne les punirait qu'avec connaissance de cause et par les formes de la justice. Il vint pour cet effet cinq commissaires de Lacédémone, qui, sans les charger d'aucun crime, leur demandèrent simplement s'ils avaient rendu quelque service dans cette guerre à Lacédémone et aux alliés. Cette demande les surprit et les embarrassa. Ils sentirent bien qu'elle venait des Thébains, leurs ennemis déclarés, qui avaient juré leur perte. Ils firent ressouvenir les Lacédémoniens des services qu'ils avaient rendus à la Grèce en général, tant à la bataille d'Artémise qu'à celle de Platée, et en particulier à Lacédémone, lors du tremblement de terre qui fut suivi de la révolte de leurs esclaves : que si depuis ils

avaient embrassé le parti des Athéniens, ce
n'avait été que pour se défendre de la violence des Thébains, contre lesquels ils
avaient imploré inutilement le secours de
Lacédémone : que si on leur faisait un
crime de ce qui avait été leur malheur, ce
crime au moins ne devait pas effacer entièrement le souvenir de leurs anciens services. « Jetez les yeux, leur dirent-ils, sur
les tombeaux de vos ancêtres que vous
voyez ici, à qui nous rendons chaque année tous les honneurs qu'on peut rendre à
la mémoire des morts. Vous avez voulu
que nous fussions les dépositaires de leur
corps, aussi bien que les témoins de leur
valeur; et vous voudriez maintenant livrer
leurs dépouilles à leurs meurtriers, en
nous abandonnant aux Thébains, qui
combattaient contre eux à la bataille de
Platée? Asservirez-vous une province où
la Grèce a recouvré sa liberté? Détruirez-
vous les temples des dieux, à qui vous de-
vez la victoire? Abolirez-vous la mémoire
de leurs fondateurs, qui ont tant contribué
à votre salut? Ici, nous osons le dire, nos
intérêts sont joints à votre gloire, et vous
ne pouvez livrer vos anciens amis et vos

bienfaiteurs à l'injuste haine des Thébains
sans vous couvrir vous-mêmes d'une éter-
nelle infamie. »

De si justes remontrances paraissaient
devoir faire quelque impression sur l'esprit des Lacédémoniens; mais ils furent
plus sensibles à la réplique que firent les
Thébains, qui était pleine d'amertume et
de fiel contre ceux de Platée, et d'ailleurs
ils avaient apporté leurs ordres de Lacédémone. Ils persistèrent donc dans leur
première demande : *Si les Platéens leur
avaient rendu quelque service depuis la
guerre?* et les faisant passer l'un après l'autre, à mesure qu'ils répondaient *non*, on
les égorgeait sans pardonner à pas un. Il
en mourut environ deux cents de la sorte,
avec vingt-cinq Athéniens, qui, se trouvant parmi eux, subirent le même sort.
Leurs femmes, qui avaient été prises, furent réduites en captivité. Ensuite les
Thébains peuplèrent la ville de quelques
bannis de Mégare et de Platée; mais l'année d'après ils la rasèrent entièrement.
C'est ainsi que les Lacédémoniens, dans
l'espérance de tirer de grands avantages
des Thébains, sacrifièrent Platée à leur

animosité, quatre-vingt-treize ans après qu'elle était entrée dans l'alliance des Athéniens.

(Av. J.-C. 426.) La sixième année de la guerre du Péloponèse, la peste recommença à Athènes, et y emporta encore bien du monde.

VIe et VIIe années de la guerre.

§ IV. J'omets plusieurs évènemens particuliers des campagnes suivantes, qui se passaient toujours de la même sorte, les Lacédémoniens faisant régulièrement chaque année des courses dans l'Attique, et les Athéniens dans le Péloponèse, outre quelques attaques de places de part et d'autre en differens eudroits. (Av. J.-C. 425.) Celle de Pyle, petite ville de Messénie, éloignée seulement de quatre cents stades de Lacédémone, fut une des plus considérables. Les Athéniens, sous la conduite de Démosthène, s'en étaient rendus maîtres, et s'y étaient extrèmement fortifiés : c'était la septième année de la guerre. Les Lacédémoniens abandonnèrent aussitôt l'Attique pour reprendre cette place, et

ils l'attaquèrent par terre et par mer. Brasidas, l'un de leurs chefs, s'y distingua
par des actions de bravoure extraordinaires. Il y avait vis-à-vis de la ville une petite île nommé *Sphactéric*, qui pouvait in-
commoder extrêmement les assiégés et
fermer l'entrée du port. Ils y jetèrent un
corps de troupes, qui était l'élite des Lacédémoniens; ils étaient au nombre de
quatre cent vingt, sans compter les Ilotes.
Il se donna un combat sur mer où les Athéniens eurent l'avantage, et ils dressèrent un
trophée. Ensuite ils environnèrent l'île, et
firent garde tout autour pour empêcher
que ceux qui y étaient n'en sortissent, et
qu'on n'y fît entrer des vivres.

La nouvelle de la défaite étant venue à
Sparte, le magistrat crut l'affaire de telle
conséquence, qu'il se transporta sur le
lieu pour voir de plus près ce qu'il fallait
faire; et jugeant qu'il était impossible de
sauver ceux qui étaient dans l'île, et qu'on
les prendrait à la fin, soit par famine ou
autrement, il fit proposer un accord. On
consentit à une suspension d'armes pour
donner le temps aux Lacédémoniens d'envoyer à Athènes, à la charge qu'ils livre-

raient cependant toutes leurs galères, et
qu'ils ne pourraient attaquer la place, ni
par mer ni par terre, jusqu'au retour des
députés : qu'en satisfaisant à ces conditions,
les Athéniens souffriraient qu'on portât
des vivres à ceux qui étaient dans l'île, à
raison de tant pour le maître *, et de moitié pour le valet, le tout publiquement à
la vue des deux armées : que les Athéniens, de leur côté, pourraient faire garde
autour de l'île; pour empêcher que rien
n'y entrât ou n'en sortît, sans faire pourtant aucune attaque : qu'au cas qu'il y eût
la moindre contravention à cet accord, la
trêve serait rompue, sinon qu'elle durerait
jusqu'au retour des députés, que les Athéniens s'obligeaient de mener et ramener ;
et qu'alors on rendrait aux Lacédémoniens
leurs navires en l'état qu'ils les auraient
donnés. Tels furent les articles du traité.
Les Lacédémoniens commencèrent à l'exécuter, en livrant environ soixante vais-

* Pour les maîtres, deux chœnix attiques de fa-
rine, qui montent à peu près à quatre livres et de-
mie, deux cotyles de vin, c'est-à-dire une grande
chopine, et un morceau de viande ; et la moitié
pour les valets.

seaux, et envoyèrent à Athènes leurs députés.

Quand ils furent admis à l'audience du
peuple, ils avouèrent d'abord qu'ils venaient demander aux Athéniens la paix
qu'ils avaient été peu de temps auparavant en état de leur accorder : qu'il ne tenait qu'à eux de se procurer la gloire d'a-
voir pacifié toute la Grèce, puisqu'ils
voulaient bien les prendre pour arbitres
du traité : que le danger de leurs citoyens
enfermés dans l'île les avait déterminés à
une démarche qui devaient sans doute coû-
ter beaucoup à des Lacédémoniens : qu'il
n'y avait pourtant encore rien de désespéré
pour eux ; et qu'ainsi c'était le temps d'é-
tablir entre les deux peuples une amitié
ferme et solide, parce que de part et d'autre les choses étaient encore en balance,
et que la fortune ne s'était point encore
absolument déclarée : que souvent les
dieux abandonnent ceux à qui leurs heureux succès sont un sujet de fierté, en
faisant succéder à leurs plus grandes fa-
veurs les disgraces les plus complètes :
qu'ils se souvinssent que les armes sont
journalières, et que le moyen d'établir

une paix ferme n'est pas de triompher de
son ennemi en l'accablant, mais de se ré-
concilier avec lui à des conditions justes
et raisonnables; car alors, vaincu par la
générosité, et non par la force, et occupé désormais, non du desir de la vengeance, mais des sentimens de gratitude,
il se fait un devoir et un plaisir de garder
les conventions avec une fidélité inviolable.

Les Athéniens avaient une belle occasion de terminer la guerre par une paix qui
n'aurait pas été moins glorieuse pour eux
qu'utile et salutaire à toute la Grèce. Mais
Cléon, qui avait une grande autorité parmi
le peuple, empêcha un si grand bien. Ils
répondirent donc, par son avis, qu'il fallait
auparavant que ceux qui étaient dans l'île
se rendissent à discrétion, et qu'ils fussent
conduits à Athènes, à la charge de les
renvoyer lorsque les Lacédémoniens auraient rendu les places qu'on avait été contraint d'abandonner par le dernier traité,
et qu'après cela on ferait une paix ferme et
stable. Les Lacédémoniens demandèrent
qu'on nommât des députés, et que l'on con-
vînt de s'en tenir à ce qu'ils accorderaient

ensemble. Mais Cléon s'emporta contre cette proposition, et dit qu'on voyait bien qu'ils n'agissaient pas de bonne foi, puisqu'ils ne voulaient pas traiter avec le peuple, mais avec des particuliers qu'ils pourraient corrompre; et que s'ils avaient quelque chose à dire, ils le fissent sur-le-champ. Les Lacédémoniens, voyant qu'il ne leur était pas possible de traiter avec le peuple sans la participation de leurs alliés, et que, s'ils avaient accordé quelque chose à leur préjudice, ils en seraient responsables, se retirèrent sans rien faire, persuadés qu'on ne pouvait rien attendre d'équitable de la part des Athéniens, dans l'état et la disposition où les avait mis leur prospérité.

Sitôt qu'ils furent de retour à Pyle, la suspension cessa. Mais comme ils redemandèrent leurs vaisseaux, on refusa de les rendre, sous prétexte de quelques infractions du traité en des choses de peu d'importance. Les Lacédémoniens se récrièrent fort sur ce refus, comme sur une perfidie manifeste, et l'on se prépara à la guerre avec plus de vigueur, d'animosité qu'auparavant. La fierté dans les succès, et

la mauvaise foi dans l'observation des traités, attirent tôt ou tard sur un peuple de
grands malheurs. La suite nous fera connaître ce qui en sera.

Les Athéniens faisaient une garde exacte
autour de l'île pour n'y laisser rien entrer,
et espéraient réduire bientôt les ennemis
par la famine. Mais ceux de Lacédémone
engagèrent tout le pays à les secourir par
l'appât du gain, en taxant fort haut le prix
des vivres, et donnant la liberté aux esclaves qui venaient à bout d'y en porter.
On en amenait donc, au péril de la vie,
de tous les endroits du Péloponèse. Il y
avait même des plongeurs qui passaient de
la côte dans l'île vis-à-vis du port, et traî-
naient après eux des peaux de bouc où il y
avait de la graine de lin pilée, et de celle
de pavot détrempée avec du miel.

Ceux qui étaient assiégés dans Pyle ne
souffraient guère moins de leur côté, manquant d'eau et de vivres. Quand on eut appris à Athènes que, bien loin d'affamer les
ennemis, ils étaient affamés eux-mêmes,
on craignit que la flotte ne pouvant subsister pendant l'hiver le long d'une côte déserte et ennemie, ni demeurer à l'ancre

dans une rade mal assurée, la garde de l'île
ne vînt à se relâcher, et que les prisonniers
ne se sauvassent. Mais ce que l'on appréhendait le plus, c'était que les Lacédémoniens, voyant leurs gens hors de danger,
ne voulussent plus entendre à la paix ; et
l'on commença à se repentir de ne l'avoir
pas acceptée.

Cléon sentait bien que toutes ces plaintes retombaient sur lui. Il commença par
traiter de faux rapports tous les bruits qui
couraient sur la disette où étaient les
Athéniens, tant au dedans de Pyle qu'au
dehors. Ensuite il décria devant le peuple
la lenteur et la nonchalence des chefs qui
assiégeaient l'île, prétendant qu'avec un
peu de vigueur et de courage on pouvait
aisément s'en rendre maître, et que, s'il
était en leur place, il en viendrait bientôt
à bout. On le nomma pour chef de cette
expédition, Nicias, qui devait y comman—
der, lui ayant cédé volontiers cet honneur,
soit par faiblesse, car il était naturellement
timide, soit par politique, pour le décré-
diter auprès du peuple par le mauvais succès qu'on comptait qu'il aurait dans cette

entreprise. Cléon fut surpris et embar-
rassé; car il ne s'attendait pas qu'on dût
le prendre au mot, étant plus habile dis-
coureur que brave guerrier, et se servant
mieux de la langue que de l'épée. Il se
défendit quelque temps, et s'excusa le
mieux qu'il put sous divers prétextes;
mais, voyant que plus il reculait, plus il
était pressé, il changea de ton, et, substi-
tuant la rodomontade au courage, il déclara en pleine assemblée, avec un air ferme
et assuré, qu'il ramènerait dans vingt jours
ceux de l'île prisonniers, ou qu'il y périrait. Toute l'assemblée se mit à rire; car
on le connaissait.

Cependant, contre toute apparence, la
chose arriva comme il l'avait promis. Lui
et Démosthène, qui était l'autre chef, entrèrent dans l'île, attaquèrent vivement
l'ennemi, le poussèrent de poste en poste,
et, gagnant toujours du terrain, l'acculè-
rent enfin dans le fond de l'île. Les Lacédémoniens avaient gagné un fort qui paraissait inaccessible. Là, ils se rangèrent en
bataille, firent face du côté seul où l'on
pouvait les attaquer, et s'y défendirent
avec un courage de lion. Comme le combat

avait duré une grande partie du jour, et
qu'ils étaient tous abattus de chaud, de
soif et de lassitude, le général des Messéniens, s'adressant à Cléon et à Démosthène, leur dit que tout ce qu'ils faisaient
était inutile, si l'on ne prenait l'ennemi en
queue, et promit que, si on voulait lui donner quelques gens de trait, il tournerait
tant qu'il trouverait un passage. En effet,
il grimpa avec sa troupe par des lieux
escarpés qu'on ne gardait point, et se cou-
lant dans le fort sans être aperçu, parut
tout-à-coup au dos des Lacédémoniens,
ce qui abattit leur courage, et acheva leur
défaite. Ils ne se défendaient donc presque
plus; et, vaincus par le nombre, attaqués
de toutes parts, et abattus de langueur et
de désespoir, ils commencèrent à reculer;
mais les Athéniens se saisirent de tous les
passages pour leur empêcher la retraite.
Alors Cléon et Démosthène, voyant que,
si on les pressait davantage il n'en échap-
perait pas un, et étant bien aises de les emmener vifs à Athènes, arrêtèrent leurs gens;
et firent crier par un héraut qu'ils missent
bas les armes et qu'ils se rendissent à discrétion. A ces mots, la plupart baissèrent

leurs boucliers, et frappèrent des mains en signe d'approbation. Il se fit une espèce de suspension d'armes, et leur commandant demanda qu'il lui fût permis d'envoyer au camp pour savoir la résolution des chefs. On ne le voulut pas souffrir, mais on appela des hérauts de dessus la côte; et, après quelques allées et venues, un Lacédémonien vint dire tout haut qu'on leur permettait de traiter, pourvu qu'ils ne fissent rien contre leur honneur. Sur cette parole, ayant délibéré entre eux, ils se rendirent à discrétion, et on les garda jusqu'au lendemain. Alors les Athéniens ayant dressé un trophée et rendu aux Lacédémoniens leurs morts, s'embarquèrent pour le départ, après avoir distribué les prisonniers dans les vaisseaux, et en avoir confié la garde aux capitaines des galères.

Il mourut dans le combat cent vingt-huit Lacédémoniens, de quatre cent vingt qu'ils étaient; ainsi il en resta un peu moins de trois cents, dont il y avait six vingts Spartiates, c'est-à-dire habitans de Sparte même. Le siège de l'île, à compter dès le commencement, y compris le temps de la trève, avait duré soixante-douze jours.

Chacun se retira de devant Pyle, et la promesse de Cléon, toute vaine et téméraire qu'elle était, se trouva accomplie à la lettre. Mais ce qui surprit le plus fut l'accord même qui venait de se faire ; car on croyait que les Lacédémoniens, au lieu de rendre les armes, mourraient tous l'épée à la main.

Lorsqu'ils furent arrivés à Athènes, on ordonna qu'ils demeureraient prisonniers jusqu'à la paix, pourvu que les Lacédémoniens n'entrassent point dans le pays ; mais que, s'ils y entraient, on les ferait tous mourir. On laissa garnison dans Pyle. Les Messéniens de Naupacte, qui l'avaient possédée autrefois, y envoyèrent de leur plus brave jeunesse, laquelle incommoda fort par ses courses les Lacédémoniens ; et comme ces Messéniens parlaient le langage du pays, ils attirèrent dans leur parti un grand nombre d'esclaves. Les Lacédémoniens, dans la crainte d'un plus grand mal, députèrent plusieurs fois à Athènes, sans pouvoir jamais rien obtenir de la prospérité orgueilleuse des Athéniens, à qui un si grand succès donnait de plus hautes espérances.

La septième année de la guerre du Péloponèse, Artaxerxe envoya aux Lacédémoniens un ambassadeur nommé Artapherne, chargé d'une lettre de sa part, écrite en assyrien, où il leur marquait qu'il lui était venu plusieurs ambassadeurs de leur part, qui lui avaient exposé des choses si différentes, qu'il ne comprenait point du tout ce qu'ils souhaitaient de lui; que, dans cette incertitude, il avait pris le parti de leur envoyer ce Persan pour leur faire savoir que, s'ils avaient quelque chose à lui proposer, ils n'avaient qu'à faire partir avec lui un homme de confiance qui pût l'informer précisément de ce qu'ils desiraient. Cet ambassadeur, en arrivant à Eïone, sur la rivière de Strymon, dans la Thrace, y fut pris, vers la fin de cette année, par un des amiraux de la flotte athénienne, qui l'envoya à Athènes. Il y fut traité avec toutes les honnêtetés et tout le respect possibles, parce que les Athéniens cherchaient à se remettre dans les bonnes graces du roi son maître.

L'année suivante, dès que la saison permit de se mettre en mer, ils le renvoyèrent dans un vaisseau de l'état aux dépens du public, et nommèrent quelques-uns de leurs citoyens pour aller avec lui à la cour de Perse en qualité d'ambassadeurs. En débarquant à Éphèse, ils apprirent la mort d'Artaxerxe. Les ambassadeurs, ne jugeant pas à propos d'aller plus loin après cette nouvelle, prirent congé d'Artapherne, et s'en retournèrent à Athènes.

LIVRE HUITIÈME.

SUITE DE L'HISTOIRE DES PERSES ET DES GRECS.

Ce livre renferme, dans les chapitres I et II, l'histoire de la guerre du Péloponèse depuis la septième année jusqu'à la vingt-septième, qui en est la dernière : cet espace est de vingt et un ans, sous les règnes de Xerxès II, de Sogdien, de Darius Nothus, depuis l'an du monde 3579 jusqu'à l'an 3600. La Grèce et la Sicile furent le théâtre de cette funeste guerre, dans laquelle les Grecs, vainqueurs des barbares, tournèrent leurs armes les uns contre les autres. Du côté des Athéniens, Périclès, Nicias, Démosthène, Alcibiade; de celui des Lacédémoniens, Brasidas, Gylippe, Lysande, s'y distinguèrent d'une manière particulière. On voit, après la déroute des Athéniens dans da Sicile, le retour glorieux d'Alcibiade à Athènes, les exploits de Lysander et de Ballicratidas, Lacédémoniens; la prise d'Athènes, qui termina la guerre du Péloponèse, et la mort de Darius Nothus.

CHAPITRE Ier.

Ce chapitre renferme l'histoire de treize années de la guerre du Péloponèse jusqu'à la dix-neuvième inclusivement.

§ I. (Av. J.-C. 425.) Artaxerxe mourut vers le commencement de la quarante-neuvième année de son règne. Xerxès, qui lui succéda, était le seul fils qu'il eût de la reine sa femme : mais il en avait dix-sept autres de ses concubines, et entre autres Sogdien, que Ctésias appelle Sécondien, Ochus et Arsite. (Av. J.-C. 424.) Sogdien, de concert avec Pharnacias, un des eunuques de Xerxès, vint un jour surprendre le nouveau roi, qui, après s'être enivré un jour de fête, s'était retiré dans sa chambre pour y cuver son vin. Il le tua aisément dans cet état, au bout d'un règne de quarante-cinq jours, et fut déclaré roi à sa place.

A peine était-il sur le trône, qu'il fit mourir Bagorazo, le plus fidèle des eunuques de son père ; c'était cet eunuque qui avait été chargé des funérailles d'Artaxerxe, et de la reine, mère de Xerxès, morte le même jour que son mari. Après avoir conduit ces deux corps en Perse dans le tombeau ordinaire des rois, il trouva à son retour Sogdien sur le trône, qui le reçut assez mal, à cause de quelques différends qu'ils avaient eus du vivant de son père. Le nouveau roi ne s'en tint pas à ces premières marques de mécontentement : il ne fut pas long-temps sans lui chercher querelle sur je ne sais quoi qui regardait les funérailles de son père, et il le fit lapider.

Par ces deux meurtres, celui de son frère Xerxès et celui de Bagozare, il devint l'horreur de l'armée et de la noblesse ;

et il ne se crut pas beaucoup en sûreté sur
un trône dont l'acquisition lui avait coûté
de si grands crimes. Il soupçonna ses frères
d'un dessein pareil au sien; et ses soupçons tombèrent principalement sur Ochus,
à qui son père avait laissé le gouvernement d'Hyrcanie. Il le manda, pour se
défaire de lui quand il serait arrivé; mais
Ochus, qui pénétra son dessein, trouva
divers prétextes pour se dispenser de ce
voyage, et différa tant, qu'enfin, quand il
vint, ce fut à la tête d'une bonne armée,
dont il déclara ouvertement qu'il se servi-
rait pour venger la mort de son frère Xerxès.
Cette déclaration lui attira quantité de
gens de qualité, et plusieurs gouverneurs
de provinces que la cruauté et la mauvaise
conduite de Sogdien firent passer dans le
parti d'Ochus. On lui mit sur la tête la tiare,
marque de la royauté, et on le proclama
roi. Sogdien, se voyant ainsi abandonné,
fit voir autant de lâcheté à défendre sa
couronne qu'il avait montré d'injustice et
de cruauté à l'usurper. Contre l'avis de ses
meilleurs amis, et des plus sages de ceux
qui demeuraient encore attachés à lui, il
entra en traité avec son frère, qui, s'étant

rendu maître de sa personne, le fit jeter dans la cendre, où il mourut d'une mort cruelle. C'était un supplice particulier à la Perse, et dont on ne se servait que pour de grand criminels. On remplissait de cendre jusqu'à une certaine hauteur une tour des plus hautes; du haut de cette tour on jetait le criminel dedans, la tête la première ; et ensuite encore, avec une roue on remuait sans cesse cette cendre autour de lui , jusqu'à ce qu'enfin elle l'étouffât. Ce fut ainsi que ce prince scélérat perdit la vie avec l'empire, dont il ne jouit que six mois et quinze jours.

(Av. J.-C. 423.) Par la mort de Sogdien, Ochus se trouva maître de l'empire. Il ne s'y vit pas plus tôt bien établi, qu'il changea son nom d'Ochus en celui de Darius. Pour le distinguer, les historiens y ajoutent l'épithète de Nothus, qui en grec veut dire le bâtard. Son règne dura dix-neuf ans.

Arsite, voyant comment Sogdien avait supplanté Xerxès, et avait été détrôné lui-même par Ochus, voulut en faire autant à ce dernier. Quoiqu'il fût son frère de mère aussi bien que de père, il se révolta ouvertement contre lui, et fut soutenu dans sa révolte par Artyphius, fils de Mégabyse. Ochus, que nous ne nommerons plus désormais que Darius, envoya Artasyras, un de ses généraux, contre Artyphius, et marcha en personne, à la tête d'une autre armée, contre Arsite. Artyphius, avec des troupes grecques qu'il avait à sa solde, battit deux fois le général qu'on lui avait opposé ; mais dans une troisième bataille, on les lui débaucha, il fut battu lui-même, et se vit réduit à la nécessité de se rendre, sur quelque espérance de pardon qu'on lui donna. Le roi voulait le faire mourir; mais la reine Parysatis, sœur et femme de Darius, l'en détourna. Elle était aussi fille d'Artaxerxe, mais d'une autre mère que Darius. C'était une femme habile, intrigante et rusée, dont le roi son mari, suivait presque en tout les avis. Celui qu'elle lui donna en cette occasion était d'une profonde perfidie. Elle lui conseilla d'user de clémence envers Artyphius, et de le bien traiter, afin de faire espérer à son frère, lorsqu'il verrait sa générosité pour un serviteur rebelle, de trouver lui-même un traitement pour le moins aussi favorable, et l'engager par là à se soumettre. Elle ajouta que, quand il serait une fois maître de la personne de ce prince, il ferait à l'un et à l'autre ce qu'il jugerait à propos. Darius suivit son conseil, et il lui réussit. Arsite, informé de la douceur dont on usait à l'égard d'Artyphius, conclut que lui, qui était frère du roi, serait traité encore plus favorablement, et sur cette espérance il traita avec son frère et se rendit. Darius penchait beaucoup à lui sauver la vie ; mais Parysatis, à force de lui représenter que la punition de ce rebelle était nécessaire pour sa sûreté, le détermina à s'en défaire en le faisant périr misérablement dans la cendre avec Artyphius : ce ne fut pourtant pas sans se faire une grande violence qu'il consentit à ce sacrifice, car il aimait tendrement ce frère. Il fit encore quelques autres exécutions qui ne lui procurèrent pas la tranquillité qu'il en attendait ; car son règne, dans la suite, fut troublé par de violentes agitations, qui ne lui laissèrent pas beaucoup de repos.

(Av. J.-C. 414.) Une des plus dangereuses fut celle que lui suscita la rébellion de Pisuthne, qui, étant gouverneur

de Lydie, voulut secouer le joug de l'empire
des Perses, et se rendre souverain dans sa
province. Ce qui lui fit espérer d'y réussir
fut le corps de troupes grecques qu'il avait
ramassées et prises à son service sous le
commandement de Lycon, Athénien. Darius envoya Tissapherne contre ce rebelle,
et lui donna, avec une bonne armée, la
commission de gouverneur de Lydie, dont
il fallait déposséder l'autre. Tissapherne,
qui était un homme plein de ruse, et capable de jouer toutes sortes de personnages,
trouva le moyen de parler aux Grecs de
Pisuthne ; et, à force de présens et de
promesses, il gagna et les troupes et le
général, qui se donnèrent à lui. Le rebelle, trop affaibli par cette désertion
pour soutenir la démarche qu'il avait faite,
se rendit, dans l'espérance d'obtenir sa
grace, comme on l'en avait flatté ; et,
dès qu'on l'eut amené devant le roi, il
fut condamné à être étouffé dans la cendre,
et eut le même sort que les rebelles qui
l'avaient précédé. Sa mort n'apaisa pas
entièrement tous les troubles. Amorgas,
son fils, avec le reste de son armée, se
maintint encore contre Tissapherne, et

pendant deux ans, il ravagea les provinces maritimes de l'Asie mineure, jusqu'à ce qu'enfin il fût pris par les Grecs du
Péloponèse, à Jase, ville d'Ionie, et livré
par eux à Tissapherne, qui le fit mourir.

Un autre grand embarras où se trouva
Darius fut celui où le jeta l'un de ses
eunuques. Ces sortes d'officiers s'étaient
depuis long-temps rendus tout-puissans
dans la cour des rois de Perse, et la suite
de l'histoire nous fera voir qu'ils y domi-
nèrent toujours absolument. On peut connaître et leur caractère, et le danger dont
ils sont pour les princes, par le portrait
que Dioclétien, après s'être réduit à une
condition privée, faisait des affranchis,
qui s'étaient de même rendus maîtres des
empereurs romains. « Il ne faut, disait-il,
« que quatre ou cinq personnes bien unies
« entr'elles, et bien déterminées à tromper
« le prince, pour y réussir. Ils ne lui
« montrent jamais les choses que par le
« seul côté qui peut les lui faire approu-
« ver. Ils lui cachent tout ce qui contri-
« buerait à l'éclairer ; et, comme ils l'obsè-
« dent seuls, il ne peut être instruit que
« par leur canal, et il ne sait que ce

« qu'il leur plaît de lui dire. Ainsi il li
« accorde les magistratures à qui il les
« faudrait refuser; il destitue, au contraire,
« de leurs' emplois ceux qui en sont les
« plus dignes. En un mot, le meilleur
« prince souvent est vendu par eux mal-
« gré sa vigilance et malgré même ses
« défiances et ses soupçons. » *Quid multa ?*
ut Diocletianus ipse dicebat, bonus, cautus,
optimus venditur imperator.

Voilà comment était gouvernée la cour
de Darius. Trois eunuques s'y étaient emparés de toute la puissance : marque certaine d'un mauvais gouvernement et d'un
prince sans mérite. Mais parmi ces trois
eunuques il y en avait un qui dominait
sur les autres, et qui en était le chef,
il se nommait Artoxare. Il avait su observer le faible de Darius, pour gagner sa
confiance. Il avait étudié toutes ses passions, pour les favoriser, et le gouverner par elles. Il ne l'occupait que de plaisirs
et d'amusemens, pour s'attirer toute l'autorité. Enfin, sous le nom et sous la protection de la reine Parysatis, des volontés
de laquelle il se montrait fidèle esclave,
il disposait de toutes les affaires de l'em-

pire, et tout se réglait par ses ordres. Enivré par l'autorité souveraine que lui donnait la faveur de son maître, il se mit en tête de se rendre souverain, au lieu de premier ministre qu'il était, et forma le dessein de se défaire de Darius et de monter sur le trône. Mais sa trame ayant été découverte, il fut arrêté et mis entre les mains de Parysatis, qui lui fit souffrir les plus cruels et les plus honteux supplices.

Le plus grands des malheurs qui arrivèrent à Darius pendant tout le cours de son règne, fut la révolte de l'Égypte. Ce coup terrible éclata dans la même année que la révolte de Pisuthne. Darius ne put réduire l'Egypte comme il réduisit ce rebelle. Les Egyptiens, las de la domination des Perses, accoururent de toutes parts auprès d'Amyrtée Saïte, qui était enfin sorti des marais où il s'était toujours maintenu depuis que la révolte d'Inarus avait été étouffée. Les Perses furent chassés, et Amyrtée déclaré roi d'Egypte, et il y régna six ans.

Après s'être bien affermi sur le trône, et avoir entièrement chassé d'Egypte les

Perses, il se préparait à les poursuivre
jusque dans la Phénicie, et avait déjà
pris des mesures avec les Arabes pour les
y attaquer. L'avis qu'en eut le roi de Perse
lui fit rappeler la flotte qu'il avait promise
aux Lacédémoniens, pour l'employer à
garder ses propres états.

Pendant que Darius faisait la guerre en
Egypte et en Arabie, les Mèdes se sou-
levèrent; mais ils furent battus, et ra-
menés à leur devoir par la force. Pour
châtier cette rébellion, on appesantit leur
joug, qui avait été assez doux jusque là.
C'est ce qui ne manque jamais d'arriver
à des sujets rebelles, quand la puissance
à laquelle ils avaient voulu se soustraire
reprend le dessus.

Les armes de Darius semblent avoir
eu le même succès contre les Egyptiens.
Amyrtée étant mort après avoir régné
six ans (peut-être même fut-il tué dans
quelque action), Hérodote remarque que
ce fut par la faveur des Perses que son
fils Pausiris lui succéda. Il fallait donc pour
cela qu'ils fussent maîtres de l'Egypte ou
du moins que leur parti y fût le plus
fort.

[Av. J.-C. 407.] Après être venu à bout des rebelles en Médie, et avoir rétabli les affaires d'Egypte, Darius donna à Cyrus, le plus jeune de ses fils, le gouvernement en chef de toutes les provinces de l'Asie mineure : commission importante, qui soumettait à ses ordres tous les gouverneurs particuliers de cette partie de l'empire.

J'ai cru devoir anticiper les temps, et mettre tout de suite ces faits qui regardent les rois de Perse, pour n'être point obligé d'interrompre si souvent l'histoire des Grecs, à laquelle il est temps de revenir.

VIIIe année de la guerre.

§ II. Dans les trois ou quatre campagnes qui suivirent la réduction de la petite île Sphactérie, il ne se passa guère d'évènemens considérables.

(Av. J.-C. 424.) Les Athéniens, sous la conduite de Nicias, se rendirent maîtres de l'île de Cythère, qui est sur la côte de Lacédémone, près du cap de Malée, et de là ils infestaient tout le pays.

D'un autre côté, Brasidas marcha vers la Thrace. Les Lacédémoniens étaient portés à cette expédition par plus d'un motif.

Ils comptaient faire une diversion des forces d'Athènes, qui leur étaient tombées sur les bras dans leur pays. Les peuples de cette contrée les y appelaient, et s'offraient à payer l'armée. Enfin, ils étaient bien aises de profiter de cette occasion pour se défaire des Ilotes, dont ils appréhendaient un soulèvement depuis la prise de Pyle. Ils s'étaient déja défait de deux mille d'entre eux, par une voie qui fait horreur. Sous le spécieux prétexte de récompenser le mérite jusque dans les esclaves mêmes, mais en effet pour se délivrer de ceux dont ils redoutaient plus le courage, ils firent proclamer par un édit public que ceux des Ilotes qui auraient le mieux servi l'état dans les dernières campagnes vinssent inscrire leurs noms dans le registre public, pour être délivrés de la servitude. Deux mille se présentèrent. On les promena par les temples avec des chapeaux de fleurs, comme si l'on eût eu envie en effet de leur accorder la liberté. Après cette cérémonie ils disparurent tous, sans qu'on ait jamais su depuis ce qu'ils étaient devenus. On voit ici comment une politique ombrageuse, et une domination jalouse et pleine de défiance, portent aux plus noires perfidies, et ne craint point de faire servir à l'exécution de ses desseins criminels la sainteté même de la religion et l'autorité des dieux.

Ils envoyèrent donc encore sept cents Ilotes avec Brasidas, qu'ils avaient choisi pour cette entreprise. Ce général engagea plusieurs villes dans son parti, soit par force, soit par intelligence, et encore plus par sa sagesse et sa modération. Les principales furent Acanthe et Stagyre, qui étaient deux colonies d'Andros. Il marcha aussi dans la suite vers Amphipolis, colonie d'Athènes, sur le fleuve Strymon. Les habitans dépêchèrent en hâte vers Thucydide *, général des Athéniens, qui était alors à Thase, petite île de la mer Egée, à demi-journée d'Amphipolis. Il partit aussitôt avec sept navires, qui se trouvèrent près de lui, pour rassurer la place avant que Brasidas s'en pût saisir, ou en tout cas pour se jeter dans Eïone, qui était fort près d'Amphipolis. Brasidas, qui l'appréhendait à cause du crédit qu'il

* C'est celui qui a écrit l'histoire de la guerre du Péloponèse.

avait dans tout ce pays-là, où il possédait des mines d'or, se hâta de prévenir son arrivée; et il offrit des conditions si avantageuses aux assiégés, qui n'espéraient pas sitôt du secours, qu'ils se rendirent. Thucydide arriva le soir même à Eïone; et, s'il eût manqué à s'y rendre ce jour-là, Brasidas s'en serait rendu maître le lendemain dès le point du jour. Quoique Thucydide eût fait toute diligence possible, cependant les Athéniens lui imputèrent la prise d'Amphipolis, le condamnèrent à l'exil.

La perte de cette place leur fut fort sensible, tant parce qu'ils en tiraient de grands revenus, et du bois à faire des navires, que parce que c'était une porte pour entrer dans la Thrace. Ils craignaient une revolte générale des alliés qu'ils avaient dans ce quartier-là, d'autant plus que Brasidas témoignait beaucoup de modération et d'équité, et ne cessait de publier qu'il venait pour affranchir le pays. Il déclarait aux peuples qu'à son départ de Sparte il avait prêté serment devant les magistrats de laisser libres tous ceux qui entreraient dans leur alliance, et qu'il mériterait d'être regardé comme le dernier des hommes s'il se servait de la religion du serment pour tendre un piège à leur crédulité. « Car, selon lui, une tromperie palliée d'un prétexte spécieux déshonore infiniment plus les personnes constituées en dignité qu'une violence ouverte; parce que l'une est l'effet de la puissance que la fortune nous a mise en main, et l'autre n'est fondée que sur la trahison et la perfidie, qui sont les pestes de la société humaine. Or je rendrais, disait-il, un bien mauvais service à ma patrie, outre que je la déshonorerais pour toujours, si, en lui procurant d'abord quelques légers avantages, je lui faisais perdre la réputation de justice et de fidélité à garder sa parole, qui la rend beaucoup plus puissante que toutes ses forces réunies ensemble, parce qu'elle lui attire l'estime et la confiance des peuples. » C'est sur ces principes d'honneur et d'équité que Brasidas régla toujours sa conduite, persuadé que le rempart le plus sûr d'un état est la justice, la modération, la bonne foi, et l'assurance où sont les voisins et les alliés qu'on est incapable d'usurper

leurs terres , ou de les vouloir dépouiller
de leur liberté. Par cette conduite, il enleva aux ennemis un grand nombre de
leurs alliés.

Les Athéniens, commandés par Démosthène et Hippocrate, étaient entrés
en Béotie, dans l'espérance que plusieurs
villes embrasseraient leur parti dès qu'ils
se montreraient. Les Thébains marchèrent à leur rencontre près de Délie. Il
s'y donna un combat assez considérable.
Les Athéniens furent défaits et mis en
en fuite. Socrate se trouva à cette action;
et Lachès qui l'y accompagna, lui rend
ce témoignage dans Platon, que, si tous
les autres avaient fait leur devoir comme
lui, Athènes n'aurait pas reçu cet échec
à Délie. Il fut entraîné dans la fuite avec
les autres : il était à pied. Alcibiade,
l'ayant aperçu de dessus son cheval, s'approcha de lui, et ne le quitta plus, le
défendant avec courage contre les ennemis
qui le poursuivaient.

Après la bataille, les vainqueurs assié-
gèrent la ville. Entre les autres machines
qu'ils dressèrent pour la battre, ils en
employèrent une fort extraordinaire. Ce-

était une longue pièce de bois coupée en
deux, puis creusée et rejointe ; de sorte
qu'elle ressemblait assez à une flûte. A
l'un des bouts était attaché un long tuyau
de fer où pendait une chaudière ; si bien
qu'en soufflant avec de grands soufflets à
l'autre bout de la pièce de bois, le vent,
porté de là dans le tuyau, allumait un
grand brasier, qui était dans la chaudière
avec de la poix et du soufre. Cette machine, apportée sur des chariots jusqu'au
rempart, à l'endroit où il était revêtu
de pieux et de fascines, causa un si grand
embrasement, que, le rempart étant aussitôt abandonné, et la palissade consu-
mée, il fut aisé de prendre la ville.

IXe, X[e] et XIe années de la guerre.

§ III. (Av. J.-C. 423.) Il y avait à peu près
égalité de pertes et d'avantages de côté et
d'autre, et les deux peuples commençaient
à se lasser d'une guerre qui leur coûtait de
grands frais et ne leur procurait aucun bien
réel. Il se fit donc une trève d'un an entre
les Athéniens et les Lacédémoniens. Les
premiers s'y résolurent pour arrêter les
progrès de Brasidas, pour donner ordre
à la sûreté de leurs places, et pour passer

de là à une paix générale, si la chose leur
était avantageuse. Les autres s'y portèrent
pour leur en faire naître l'envie par la douceur du repos, et pour retirer d'entre leurs
mains ceux de leurs citoyens que les Athé-
niene avaient faits prisonniers dans l'île de
Sphactérie ; ce qu'ils ne pouvaient espérer
absolument si Brasidas poussait plus loin
ses conquêtes. Ce général n'apprit qu'avec
une extrême douleur la nouvelle d'un accommodement qui l'arrêtait au milieu de
sa course, et qui déconcertait tous ses pro-
jets. Il ne put même se résoudre à abandonner la ville de Scione, qu'il avait prise
deux jours après le traité, mais sans en
avoir connaissance. Il alla encore plus loin,
et ne fit point difficulté de recevoir Mende,
petite ville voisine de Scione, qui se rendit à lui à l'exemple de la première, ce qui
était contrevenir manifestement au traité :
mais il prétendait avoir d'autres contraventions à reprocher aux Athéniens.

On juge bien que ceux-ci ne souffrirent
pas tranquillement une telle conduite.
Cléon, dans toutes les assemblées, animait les esprits et soufflait le feu de la
guerre. L'heureux succès de l'expédition

contre Sphactérie avait infiniment augmenté son crédit parmi le peuple, et lui avait inspiré une fierté insupportable et une audace que l'on ne pouvait plus réprimer. Il avait une sorte d'éloquence véhémente, impétueuse, emportée, qui entraînait les esprits, moins par la force des raisons que par la hardiesse et la violence de son style et de sa déclamation. Ce fut lui qui le premier donna l'exemple de crier à pleine tête dans les assemblées, où jusque-là on avait gardé beaucoup de décence et de modération; de rejeter son vêtement en arrière pour donner plus de liberté à son geste, de se frapper les cuisses, d'aller et de venir sur la tribune en haranguant. En un mot, il introduisit parmi les orateurs, et parmi tous ceux qui se mêlaient du gouvernement, une licence effrénée et un mépris de toutes les bienséances; licence et mépris qui produisirent bientôt un bouleversement général et une horrible confusion dans les affaires.

Ainsi deux hommes de part et d'autre s'opposaient à la paix de la Grèce, et y mettaient un obstacle insurmontable, mais par des voies bien différentes : c'étaient Cléon et Brasidas ; le premier, parce que la guerre couvrait ses vices et sa méchanceté ; le second, parce qu'elle donnait un nouveau lustre à sa vertu. En effet, elle fournissait à l'un des occasions de commettre de grandes injustices, et à l'autre celles de faire de grandes et de belles actions. Leur mort, qui suivit de près, donna lieu à un nouvel accommodement.

(Av. J.-C. 422.) Les Athéniens avaient mis Cléon à la tête des troupes pour aller contre Brasidas, et pour réduire les villes qui s'étaient révoltées. Amphipolis était celle qui leur tenait le plus à cœur : Brasidas s'y jeta pour la défendre. Cléon avait mandé à Perdiccas, roi de Macédoine, et au roi des Odomantes, de lui amener des troupes le plus tôt et dans le plus grand nombre qu'ils pourraient. Il les attendait, et avait résolu de ne pas marcher d'abord à l'ennemi. Mais comme il vit ses soldats, qui l'avaient suivi à regret et malgré eux, se lasser de demeurer si long-temps oisifs, et comparer sa lâcheté et son peu d'expérience avec la valeur et l'habileté de Brasidas, il ne put souffrir ni leur mépris ni leurs plaintes, et s'estimant grand capitaine par la prise de Sphactérie, où il avait si bien réussi, il crut qu'il en arriverait de même d'Amphipolis. Il s'en approcha donc simplement, disait-il, pour reconnaître la place en attendant que toutes ses forces fussent arrivées; non qu'il crût en avoir besoin pour la prendre, ou qu'il se défiât de l'évènement, car il se tenait assuré que personne n'oserait lui tenir tête, mais pour être en état de l'investir de tous côtés et d'y faire donner l'assaut. Il vint donc se camper devant la place, considérant à loisir sa situation, et persuadé qu'il pourrait se retirer quand il voudrait sans combat : car personne ne sortait ni ne paraissait sur les murailles, et toutes les portes de la ville étaient fermées ; de sorte qu'il commençait à se repentir de n'avoir pas amené les machines, croyant qu'il ne lui manquait que cela pour s'en rendre maître. Brasidas, qui connaissait parfaitement son caractère, affectait exprès une sorte de réserve et de crainte pour amorcer sa témérité et augmenter la bonne opinion qu'il avait de lui-même : d'ailleurs il savait que Cléon avait amené avec lui l'élite des troupes d'Athènes, et la fleur de celles de Lemnos et d'Imbros. En effet, Cléon, plein de mépris pour un ennemi qui n'osait paraître devant lui et se tenait lâchement renfermé dans sa place, allait de côté et d'autre la tête levée, sans prendre aucune précaution, et sans garder aucune discipline parmi ses troupes. Brasidas, dont la vue était de l'attaquer à l'improviste avant que toutes ses forces fussent arrivées, crut que le moment en était venu. Il avait pris toutes les mesures et donné tous les ordres nécessaires. Il fit donc brusquement une sortie qui étonna et déconcerta les Athéniens. L'aile gauche se détacha aussitôt du gros pour se sauver à la course. Brasidas tourna toutes ses forces contre l'aile droite, où il trouva beaucoup de résistance. Ayant été blessé et mis hors de combat, ses gens l'emportèrent sans que les Athéniens s'en aperçussent. Pour Cléon, comme il n'avait pas résolu de combattre, il prit la fuite, et fut tué par un soldat qui le rencontra. Les troupes qu'il commandait se défendirent pendant quelque temps, et soutinrent deux ou trois attaques sans lâcher le pied ;

mais enfin elles furent mises en déroute,
et tout plia. Brasidas fut porté dans la
ville, où il ne survécut que de quelques
momens à sa victoire.

Toute l'armée, de retour de la poursuite, après avoir dépouillé les morts,
dressa un trophée. Ensuite tous les alliés
en armes firent des funérailles publiques
à Brasidas, et les habitans d'Amphipolis
lui rendirent depuis, chaque année, des
honneurs funèbres comme à un héros, avec
des jeux, des combats et des sacrifices.
Ils le considéraient comme leur fondateur; et pour lui en mieux assurer le titre,
ils démolirent tous les monumens de celui
qui l'avait été en effet, pour ne pas paraître devoir leur établissement à un Athénien, et pour faire mieux leur cour à Lacédémone, d'où ils attendaient tout leur
salut. Les Athéniens, après avoir emporté
leurs morts, du consentement du vainqueur, retournèrent à Athènes, tandis que
les autres donnèrent ordre aux affaires
d'Amphipolis.

On rapporte une parole de la mère de
Brasidas, qui marque bien le caractère
spartain. Comme on louait en sa présence

les grandes qualités et les grandes actions
de son fils, et qu'on l'élevait sans exception et sans comparaison au-dessus de tous
les autres : « Vous vous trompez, dit-elle,
mon fils était brave, mais Sparte a plusieurs
citoyens qui le sont encore plus que lui. »
Cette générosité d'une mère, qui préférait
la gloire de l'état à celle de son fils, fut
admirée, et ne demeura point sans récompense. Les éphores lui rendirent des honneurs publics.

Après cette dernière action, où les deux
hommes qui étaient le plus grand obstacle à la paix moururent, les esprits se
trouvèrent disposés à un accommodement,
et la guerre fut comme suspendue de part
et d'autre. Les Athéniens, depuis la perte
des deux batailles de Délie et d'Amphipolis, avaient beaucoup rabattu de leur
fierté, et étaient détrompés de la haute
opinion qu'ils avaient conçue de leurs forces, qui leur avait fait refuser les offres
avantageuses de leurs ennemis. D'ailleurs
ils appréhendaient la révolte de leurs
alliés, qui, découragés par leurs pertes,
pourraient les abandonner comme plusieurs
avaient déja fait. Ces réflexions leur inspi-

rèrent un vif repentir de n'avoir pas traité
après les avantages de Pyle. Les Lacédémoniens, de leur côté, ne se flattaient plus
de l'espérance de les pouvoir ruiner en
ravageant leur pays, et ils étaient abattus
et effrayés de la perte qu'ils avaient souf-
ferte dans l'île, la plus grande qu'ils aient
faite jusqu'alors. Ils considéraient encore
que leur pays était ravagé par les garnisons
de Pyle et de Cythère, que leurs esclaves
désertaient, et qu'ils avaient à appréhender
une plus grande révolte; et que, la trève
qu'ils avaient faite avec ceux d'Argos
étant près d'expirer, ils avaient lieu de
craindre d'être abandonnés de quelques
alliés du Péloponèse, comme ils le furent
en effet. Tous ces motifs, joints au desir
de recouvrer leurs prisonniers, dont la plupart étaient des plus considérables citoyens
de Lacédémone, leur faisaient souhaiter la
paix.

Ceux qui s'y portèrent avec le plus
d'empressement et qui y avaient le plus
d'intérêt, étaient les deux principaux des
deux états, Plistonax, roi de Lacédémone,
et Nicias, général des Athéniens. Le premier était revenu depuis peu de son exil,

où il avait été condamné parce qu'on le
soupçonnait d'avoir reçu de l'argent pour
retirer ses troupes du pays d'Athènes ; et
l'on imputait à cette retraite précipitée plusieurs malheurs dont elle avait été suivie.
On l'accusait aussi d'avoir corrompu à
force de présens la prêtresse de Delphes,
qui avait ordonné de la part du dieu de le
rappeler d'exil. Il desirait donc la paix
pour éviter tous ces reproches, que les
maux continuels de la guerre renouvelaient
chaque jour. Pour Nicias, le plus heureux
capitaine de son temps, il craignait de ter-
nir sa gloire par quelque infortune, et il
était bien aise de jouir en repos des fruits
de la paix, et d'en faire jouir son pays.

Les deux peuples commencèrent d'a-
bord par faire une suspension d'armes
d'un an, pendant laquelle se trouvant tous
les jours les uns avec les autres, et goûtant
les douceurs de la sûreté et du repos, et les
charmes de pouvoir être en commerce avec
leurs amis et avec les étrangers, ils desiraient avec passion de mener une vie douce
et tranquille, loin des alarmes de la guerre
et des horreurs du carnage et du sang. Ils
entendaient avec de grandes démonstrations

de joie les chœurs de leurs tragédies chan-
ter, « que les araignées fassent désormais
teurs toiles sur nos lances et sur nos boucliers! » Et ils se ressouvenaient avec plaisir de celui qui a dit : « que ceux qui s'en-
dorment dans le sein de la paix ne sont
point réveillés en sursaut par le son des
trompettes, et que leur sommeil n'est dis-
sipé que par le paisible chant du coq. »

Tout l'hiver se passa en pourparlers et
en entrevues, dans lesquelles chacun pro-
posait ses droits et faisait valoir ses prétentions. (Av. J.-C. 421.) Enfin la paix
fut conclue et signée pour cinquante ans,
et l'un des principaux articles fut qu'on se
rendrait réciproquement les villes et les
prisonniers. Ce traité fut fait dix ans en-
tiers et quelques jours depuis la première
déclaration de la guerre. Les Béotiens et les
Corinthiens en furent fort mécontens, et
firent tout ce qu'ils purent pour exciter de
nouveaux troubles. Mais Nicias persuada
aux Athéniens et aux Lacédémoniens d'a-
jouter comme un dernier sceau et un dernier lien à cette paix, en faisant ensemble
une ligne offensive et défensive qui les rendrait plus redoutables à ceux qui voudraient

se séparer d'eux, et plus sûrs les uns des
autres. En conséquence de ce traité, les
Athéniens rendirent enfin les prisonniers
qu'ils avaient faits dans l'île de Sphactérie.

XIIe année de la guerre.

§ IV. Alcibiade commençait alors à se
pousser dans le gouvernement et à paraître
dans les assemblées. Socrate s'était attaché
à lui depuis plusieurs années, et avait
enrichi son esprit d'une infinité de belles
connaissances.

La liaison intime d'Alcibiade avec Socrate est une des particularités de sa vie les
plus remarquables. Ce philosophe, découvrant en lui d'excellentes qualités, que
l'éclat de sa beauté rendait encore plus
aimables, s'appliqua avec un soin incroyable à cultiver une plante si précieuse, dans
la crainte qu'étant négligée, elle ne se
flétrît et dégénérât absolument. En effet,
tout était danger pour lui : la noblesse de sa
naissance, la grandeur de ses richesses, la
considération où était sa famille, le crédit
de ses tuteurs, ses qualités personnelles, sa
rare beauté, et plus que tout cela encore les
flatteries et les complaisances de tous ceux
qui l'approchaient. Il semble, dit Plutar-

que, que la fortune l'avait environné et in-
vesti de tous ces prétendus avantages
comme d'autant de barrières et de remparts
pour le rendre inaccessible et invulnéra-
ble aux traits de la philosophie, à ces traits
salutaires qui pénètrent jusqu'au vif, et qui
laissent dans le cœur l'aiguillon de la vertu
et de la solide gloire. Mais ce furent ces
obstacles mêmes qui redoublèrent le zèle
de Socrate.

Quelques efforts qu'on fît pour détourner
le jeune Athénien d'un commerce qui seul
pouvait l'arracher à tant de pièges, il s'y
livra pleinement. Comme il avait beaucoup
d'esprit il sentit tout le mérite de Socrate,
et ne put résister aux attraits et aux charmes de son éloquence douce et insinuante,
qui l'emportèrent pour lors sur ceux de
la volupté. Disciple zélé d'un si habile
maître, il le suivait partout, prenait un
singulier plaisir à sa conversation, goûtait
extrêmement ses principes, recevait ses
leçons, et même ses réprimandes avec
une docilité merveilleuse, et était touché
et attendri de ses discours jusqu'à verser
des larmes, et à ne pouvoir plus se souffrir
lui-même, tant la force de la vérité était

grande dans la bouche de Socrate, et tant elle lui faisait apercevoir de difformité et de laideur dans les vices auxquels il s'abandonnait.

Alcibiade, dans ces momens où il écoutait Socrate, était tout autre, et on ne l'eût pas reconnu. Mais son caractère vif et fougueux, et son penchant naturel pour le plaisir, irrités encore et enflammés par les discours des jeunes gens, le replongeaient bientôt dans ses premiers désordres et l'arrachaient à son maître, qui ensuite était obligé de courir après lui comme après un esclave fugitif qui lui était échappé. Cette alternative de fuites et de retours, de bonnes résolutions et de rechutes dans ses vices, dura fort long-temps, Socrate ne se rebutant point de sa légèreté, et se flattant toujours de l'espérance de le ramener à son devoir. Et ce fut là sans doute la source de ce mélange de bien et de mal qui parut toujours dans sa conduite, les instructions qu'il avait reçus de son maître prenant quelquefois le dessus, et d'autres fois la fougue de ses passions l'entraînant comme malgré lui dans des partis tout opposés.

Cette liaison dura autant que leur vie, et ne fut pas exempte de soupçons. D'habiles gens prétendent que ces soupçons, lorsqu'on les approfondit, disparaissent, et doivent être regardés comme l'effet de la malignité des ennemis de l'un et de l'autre. Nous avons dans un des dialogues de Platon, un entretien de Socrate avec Alcibiade fort propre à faire connaître le génie et le caractère de ce dernier, qui aura désormais une grande part dans les affaires de la république d'Athènes, et y jouera un grand rôle. J'en donnerai ici un extrait fort abrégé, et j'espère qu'on ne m'en saura pas mauvais gré.

Socrate, dans ce dialogue, s'entretient avec Alcibiade, qui était actuellement sous la tutelle de Périclès. Il était encore tout jeune, et avait été élevé de la manière dont l'étaient tous les Athéniens, c'est-à-dire, qu'on l'avait instruit dans les lettres, qu'on lui avait appris à jouer des instrumens, et qu'on l'avait formé à la lutte et aux autres exercices du corps. Il ne paraît pas que Périclès eût pris jusque-là beaucoup de soin de son éducation (faute assez ordinaire aux plus grands hommes), puisqu'il lui donna pour gouverneur Zopyre, Thrace de nation, déja fort vieux, celui de tous les esclaves de Périclès qui était le moins en état, et par son âge, et par son caractère, de former ce jeune Athénien. Aussi Socrate dit-il à Alcibiade, que s'il se comparait avec les jeunes gens de Lacédémone, en qui l'on voyait un courage, une grandeur d'ame, un vif désir de la gloire, un amour du travail, accompagnés de douceur, de modestie, de tempérance, et d'un parfait assujétissement à la discipline de Sparte; il paraîtrait comme un enfant à leur égard. Cependant sa naissance, ses grands biens, ses alliances, le crédit de son tuteur, tout cela lui avait extrêmement enflé l'esprit. Il était plein d'estime pour lui-même, et de mépris pour tous les autres. Il se préparait à entrer dans le maniement des affaires publiques, et, à l'entendre parler, il ne se promettait rien moins que d'effacer la gloire et la réputation de Périclès même, et d'aller attaquer le roi des Perses jusque sur son trône. Socrate le voyant donc tout près de monter dans la tribune aux harangues pour donner conseil au peuple sur les affaires de

l'état, lui démontre par plusieurs interrogations qu'il lui fait, et par ses propres réponses, qu'il ignore absolument les affaires
dont il entreprend de parler, puisqu'il n'a
pu les connaître par lui-même, et qu'il ne
s'en est point fait instruire par d'autres.
Après cet aveu tiré de sa propre bouche,
il lui peint avec de vives couleurs le ridicule de sa conduite, et lui en fait toucher
au doigt l'absurdité. Que penserait Amestris, dit Socrate (c'était la mère d'Artaxerxe qui régnait actuellement en Perse),
si on lui disait qu'il y a à Athènes un homme
qui songe à déclarer la guerre à son fils, et
même à le détrôner? Elle s'imaginerait
sans doute qu'on lui parle de quelque vieux
général, homme d'un courage intrépide,
d'une rare sagesse, d'une expérience consommée, qui est maître d'assembler une
armée nombreuse pour la faire marcher à
ses ordres, et qui de loin a pris toutes les
mesures nécessaires pour un si grand dessein. Mais si elle apprenait qu'il n'y a rien
de tout cela, et qu'il s'agit d'un jeune
homme qui à peine a atteint l'âge de vingt
ans, qui est sans aucune connaissance des
affaires publiques, sans aucun usage de la

14.

guerre, sans aucune autorité dans sa ville, et sans aucun crédit chez les alliés, pour- rait-elle s'empêcher de rire de la folie et de l'extravagance d'une telle entreprise? Voilà pourtant votre état et votre portrait, dit Socrate, en s'adressant à Alcibiade; et malheureusement c'est celui de la plupart de ceux qui s'ingèrent dans le gouverne- ment. Il excepte néanmoins de ce nombre Périclès, dont le solide mérite et la grande réputation étaient le fruit de l'étude sé- rieuse qu'il avait faite pendant un fort long temps de tout ce qui était capable de lui former l'esprit, et de le disposer au maniement des affaires publiques. Alci- biade ne put disconvenir que ce ne fût là son état: il en eut honte, et rougissant de se voir si pauvre et si dépourvu de mérite, il demanda ce qu'il fallait faire pour en acquérir. Socrate qui ne voulait pas le dé- courager, lui dit qu'à l'âge où il était le mal n'était point sans remède, et ne cessa dans la suite de lui donner de sages con- seils. Il eut tout le loisir d'en profiter, puisque, entre le temps de cet entretien et celui où il commença à être employé dans le gouvernement, il se passa plus de vingt années.

Alcibiade avait un caractère souple et flexible, propre à prendre toutes les impressions que demandait la différente conjoncture des temps, se portant avec la même facilité et la même ardeur au bien et au mal, et passant d'un excès à un autre tout contraire presque sans intervalle, de sorte qu'on lui appliquait ce que dit Homère du terroir de l'Égypte, qu'il portait beaucoup de drogues médicinales très excellentes, et aussi beaucoup de poisons. On pourrait dire de lui que ce n'était point un homme seul, mais, si l'on osait s'exprimer ainsi, un composé de plusieurs hommes : sérieux, enjoué, austère, affable; maître impérieux et plein de hauteur, esclave rampant et plein de bassesse; ami de la vertu et des vertueux, livré au vice et aux méchans; capable des plus pénibles fatigues et de la vie la plus dure, insatiable de délices et de volupté.

On parlait beaucoup de ses désordres et de ses dérèglemens dans la ville, et il aurait fort souhaité faire cesser ces bruits, mais sans changer de vie, comme un mot de lui le fait entendre. Il avait un chien d'une taille extraordinaire et d'une grande beauté, qu'il avait acheté soixante et dix mines, c'est-à-dire trois mille cinq cents livres. On voit que le goût pour les chiens est de vieille date. Il lui fit couper la queue, qui était justement ce qu'il avait de plus beau. Ses amis lui en firent de grands reproches, et lui dirent que toute la ville murmurait contre lui, et le blâmait extrêmement d'avoir gâté un si beau chien. Voilà ce que je demande, reprit Alcibiade en riant : je veux que les Athéniens s'entretiennent du traitement que j'ai fait à mon chien, afin qu'ils ne parlent pas d'autre chose, et qu'ils ne disent pas pis de moi.

De toutes les passions qui paraissaient en lui, la plus marquée et la plus vive était un esprit de domination qui voulait tout emporter de hauteur, et qui ne pouvait souffrir ni supérieur ni égal. Quoique sa naissance et ses rares talens lui ouvrissent une grande porte au gouvernement de la république, cependant il n'y avait rien à quoi il aimât mieux devoir le crédit et l'autorité qu'il desirait d'acquérir sur le peuple qu'à la force de son éloquence et à la grace persuasive de ses discours ; c'est en quoi son intime liaison avec Socrate put lui être d'un grand secours.

(Av. J.-C. 420.) Alcibiade, qui, du caractère dont nous venons de le marquer, n'était pas né pour le repos, avait fait tous ses efforts pour traverser le traité qui venait de se conclure entre les deux peuples; mais, n'ayant pu y réussir, il travailla à en empêcher l'effet. Il était piqué contre les Lacédémoniens de ce qu'ils ne s'adressaient qu'à Nicias, dont ils avaient une très grande opinion, et qu'au contraire ils paraissaient ne faire aucun cas de lui, quoique ses ancêtres eussent eu droit d'hospitalité avec eux.

La première chose qu'il fit pour rompre la paix, c'est qu'ayant su que ceux d'Argos ne cherchaient qu'une occasion de se séparer des Spartiates, qu'ils craignaient autant qu'ils les haïssaient, il les flatta secrètement dans l'espérance que les Athéniens leur donneraient du secours, en leur faisant entendre qu'ils étaient près de rompre une paix qui leur était désavantageuse,

En effet, les Lacédémoniens n'étaient pas fort attentifs à en observer religieusement les conditions, ayant fait alliance avec les peuples de la Béotie contre l'esprit et la teneur du traité, et n'ayant rendu aux Athéniens le fort de Panacte que démoli, et non pas fortifié et dans l'état où il était lors de la conclusion du traité, comme s'ils s'y étaient engagés. Alcibiade, qui vit les Athéniens extrêmement indignés de cette mauvaise foi, n'oublia rien pour les irriter davantage ; et, profitant de cette conjoncture pour pousser à bout Nicias, il souleva contre lui le peuple, en le rendant suspect de trop d'attachement aux Lacédémoniens, et formant contre lui des accusations qui ne manquaient pas tout-à-fait de vraisemblance, quoique dans le fond elles fussent destituées de vérité.

Cette nouvelle attaque déconcerta Nicias. Heureusement il arriva dans le moment même des ambassadeurs de Lacédémone avec plein pouvoir de terminer tous les différends. Ayant été introduits dans le conseil, c'est-à-dire dans le sénat, ils déduisirent leurs plaintes, et firent leurs demandes ; et il n'y eut personne qui ne les trouvât très justes et très raisonnables. Le peuple devait leur donner audience le lendemain. Alcibiade, qui craignait le succès de cette assemblée, mit tout en œuvre pour obliger les ambassadeurs à entrer avec lui en conférence. Il leur représenta que le conseil traitait toujours avec beaucoup de modération et d'humanité ceux qui s'adressaient à lui, mais que le peuple était hautain et excessif dans ses prétentions; que, s'ils parlaient de pleins pouvoirs, il ne manquerait pas de s'en prévaloir, et les forcerait de lui accorder tout ce qui lui viendrait en tête. Au reste. il leur promit de les aider de tout son crédit, pour leur faire rendre Pyle, pour empêcher l'alliance d'Argos, et pour faire renouveler la leur; et il confirma ces promesses par sermens, Les ambassadeurs sortirent de cette conférence très contens, et pleins d'admiration pour la profonde politique et l'extrême habileté d'Alcibiade, qu'ils regardaient comme un homme extraordinaire; et en cela ils ne se trompaient point.

Le lendemain, le peuple étant assemblé, les ambassadeurs furent introduits. Alcibiade leur demanda avec beaucoup de douceur le sujet de leur ambassade et la nature de leurs pouvoirs. Ils répondirent d'abord qu'ils venaient proposer quelque voie d'accommodement, mais qu'ils n'avaient pas le pouvoir de rien conclure. Sur cela, Alcibiade s'élève et crie contre eux, les traite de fourbes et de perfides, appelle le conseil à témoin du discours qu'ils avaient tenu la veille, et exhorte le peuple à ne croire ni écouter des hommes qui mentaient si impudemment, et qui sur le même sujet, disaient aujourd'hui une chose et demain une autre.

On ne saurait exprimer la surprise et le trouble des ambassadeurs, qui, se regardant l'un et l'autre, ne pouvaient en croire ni leurs yeux ni leurs oreilles sur ce qu'ils voyaient et entendaient. Nicias, qui ignorait la ruse et la tromperie d'Alcibiade, ne pouvait concevoir un changement si étrange, et se donnait la torture pour en chercher la raison. Le peuple, sur l'heure, se mettait en devoir de faire venir les ambassadeurs d'Argos pour conclure avec eux la ligue; mais, dans ce moment, un grand tremblement de terre vint au secours de Nicias, et rompit l'assemblée. Il obtint avec beaucoup de

peine, dans celle du lendemain, une sur-
séance, jusqu'à ce qu'on eût envoyé des
députés à Lacédémone. Il fut mis à leur
tête ; mais il revint sans avoir rien fait.
Les Athéniens se repentirent fort alors
d'avoir renvoyé, à sa persuasion , les prisonniers de l'île , qui tenaient aux plus
puissantes maisons de Sparte. Cependant,
quelque grande que fût leur colère , ils
ne se portèrent à aucun excès contre lui ;
ils élurent seulement Alcibiade pour général , firent une ligue avec les Manti-
néens et les Éléens, qui avaient quitté
le parti de Lacédémone, y joignirent les
Argiens , et envoyèrent des troupes à
Pyle faire le dégât dans la Laconie. Ainsi
ils se replongèrent dans la guerre qu'ils
avaient voulu éviter.

Plutarque , après le récit de l'intrigue
d'Alcibiade, ajoute : « Personne ne saurait
approuver le moyen dont il se servit
pour arriver à son but ; mais ce fut pourtant un coup de partie d'avoir désuni
et ébranlé presque tout le Péloponèse,
et suscité en un seul jour tant d'ennemis aux Lacédémoniens. » Il me semble
que c'est condamner bien faiblement une

fourberie et une perfidie aussi noires que celles-ci, dont le succès le plus heureux ne peut couvrir l'horreur, et qui ne peuvent être assez détestées.

Il y avait à Athènes un citoyen nommé Hyperbolus, fort méchant homme, et que les poètes comiques prenaient ordinairement pour l'objet de leurs railleries et de leurs invectives. Il s'était endurci à la mauvaise réputation, et était devenu insensible à l'infamie par une extinction entière de tout sentiment d'honneur, qui ne peut être que l'effet d'une ame désespérément livrée au vice. Cet homme ne plaisait à personne ; mais le peuple ne laissait pas de s'en servir pour humilier ceux qui étaient élevés en dignité, et pour leur susciter des affaires. Deux citoyens partageaient alors à Athènes toute l'autorité, Nicias et Alcibiade. La vie peu réglée de celui-ci blessait les Athéniens ou outre qu'ils redoutaient son audace et sa fierté. D'un autre côté, Nicias en s'opposant toujours sans ménagement à leurs injustes desirs, et en les obligeant toujours de prendre les partis les plus utiles, leur était devenu très odieux. Il paraissait

sait, dans cette aliénation des esprits, que l'ostracisme aurait lieu à l'égard de l'un ou de l'autre. Des deux partis qui dominaient alors dans la ville, l'un des jeunes gens, qui voulaient la guerre, l'autre des vieillards, qui souhaitaient la paix, le premier s'efforçait de faire tomber le ban sur Nicias, et l'autre de le détourner sur Alcibiade. Hyperbolus, dont l'audace faisait tout le mérite, dans l'espérance de succéder au crédit de celui qui serait chassé, se déclara contre eux, et il ne cessait d'irriter le peuple contre l'un et contre l'autre : mais, les deux factions s'étant réunies, il fut lui-même banni, et mis fin par son exil à l'ostracisme, qui parut avoir été flétri et déshonoré en tombant sur un sujet si indigne : car jusque-là il y avait eu une sorte d'honneur et de dignité dans cette punition. Hyperbolus fut donc le dernier qui fut condamné à ce ban, comme Hipparque, proche parent du tyran Pisistrate, l'avait souffert le premier.

XVIᵉ et XVIIᵉ années de la guerre.

§ V. (Av. J.-C. 416.) Je passe sous silence plusieurs évènemens peu considé-

rables, pour venir au plus important de
tous, qui est l'expédition des Athéniens
en Sicile, à laquelle Alcibiade surtout les
détermina. C'est ici la seizème année de
la guerre du Péloponèse.

Alcibiade avait pris un ascendant merveilleux sur les esprits, quoique pourtant
il fût bien connu pour ce qu'il était; car
ses grandes qualités étaient jointes à des
vices encore plus grands, qu'il ne se mettait point en peine de dissimuler. Il vivait
plongé dans un luxe prodigieux, et dans
une mollesse qui déshonorait la ville; ce
n'étaient tous les jours que festins, que
réjouissances, que parties de plaisirs et
de débauches. Il montrait peu de respect
pour les coutumes du pays, et encore
moins pour la religion et pour les dieux.
Les gens sages et sensés, outre l'aversion
que leur inspiraient tous ces dérèglemens,
craignaient extrêmement les suites de cette
audace, de cette profusion et de ce profond mépris des lois, qu'ils regardaient
comme autant de moyens et de degrés
pour arriver à la tyrannie.

Aristophane, dans une de ses comédies,
marque admirablement par un seul vers

la disposition du peuple à son égard : *Il le hait*, dit-il, *et ne se peut passer de lui*. En effet, les largesses dont Alcibiade comblait le peuple, la somptuosité des jeux et des spectacles qu'il lui donnait, la magnificence des présens qu'il faisait à la ville, qui passe tout ce qu'on peut dire, la grace et la beauté de toute sa personne, son éloquence, sa force de corps, jointe au courage et à l'expérience, en un mot, toutes ses grandes qualités faisaient que les Athéniens lui pardonnaient ses défauts, et les supportaient patiemment, tâchant toujours de les diminuer et de les couvrir sous des noms doux et favorables; car ils les appelaient des jeux, des gentillesses, et des marques d'humanité et de bon naturel.

Timon le misanthrope, tout sauvage qu'il était, en jugea plus sainement. L'ayant rencontré un jour comme il sortait de l'assemblée, très content d'avoir obtenu tout ce qu'il avait demandé, et de se voir généralement honoré par le peuple, qui le reconduisait en foule, loin de l'éviter comme il évitait tout le monde, il alla au-devant de lui, et, lui tendant amiablement la main : « Courage, mon fils, lui

dit-il tu fais fort bien de t'agrandir et de
t'élever, car c'est pour la ruine de tout ce
peuple. » La guerre de Sicile prouvera que
Timon ne se trompait pas.

Dès le temps de Périclès, les Athéniens
s'étaient mis en tête de conquérir la Sicile.
Ce sage conducteur fut toujours attentif
à réfréner par sa prudence cette folle ambition. Il leur répétait souvent qu'en se tenant en repos, en s'appliquant avec soin à
la marine, en se contentant de conserver
leurs conquêtes, et en ne précipitant point
leur ville dans des entreprises harsardeuses,
ils rendraient leur république florissante,
et seraient toujours au-dessus de leurs
ennemis. L'autorité qu'il avait prise sur
les esprits fut bien capable de les empêcher pour lors de passer en Sicile ; mais
elle ne leur en fit pas perdre le desir, et ils
tournèrent toujours les yeux de ce côté-
là. Quelque temps après la mort de Périclès, les Léontins, attaqués par ceux
de Syracuse, avaient députe à Athènes
pour demander du secours. Ils étaient
originaires de Chalcis, colonie d'Athènes.
Les députés avaient à leur tête Gorgias,
célèbre rhéteur, qui passait pour le plus

éloquent homme de son temps. Son discours élégant, fleuri et plein de figures
brillantes qu'il mit le premier en usage,
enleva les Athéniens, extrêmement sensibles aux beautés et aux charmes de l'é-
loquence. L'alliance fut conclue, et ils
envoyèrent des vaisseaux à Rhège pour
secourir les Léontins. L'année suivante,
ils en envoyèrent d'autres en plus grand
nombre. Deux ans après, ils envoyèrent
une nouvelle flotte un peu plus forte;
mais les Siciliens ayant renoncé à leurs
divisions par les conseils d'Hermocrate,
la flotte fut renvoyée; et les Athéniens,
ne pouvant pardonner à leurs généraux
de n'avoir pas conquis la Sicile, en exi-
lèrent deux, Pythodore et Sophocle, et
condamnèrent le troisième, qui était Eu-
rymédon, à une grosse amende : tant leur
prospérité les avait aveuglés, en leur per-
suadant que rien n'était capable de leur
résister. Ils firent encore depuis plusieurs
tentatives; et, sous prétexte d'envoyer de
temps en temps des secours d'armes et de
troupes aux villes opprimées ou maltrai-
tées par les Syracusains, ils s'ouvraient un
chemin pour les attaquer avec de plus
grandes forces.

Mais celui qui alluma le plus cette ardeur fut Alcibiade, en repaissant le peuple de magnifiques espérances, dont lui-même était sans cesse occupé, ou, pour mieux dire, enivré. Toutes les nuits dans ses songes il prenait Carthage, soumettait l'Afrique, passait de là en Italie, et se rendait maître du Péloponèse entier, regardant la Sicile, non comme le but et la fin de cette guerre, mais comme le commencement et le premier degré des exploits qu'il méditait. Il avait pour lui tous les citoyens, qui, sans rien approfondir, étaient enchantés des grandes espérances qu'il leur donnait. On ne parlait plus partout que de cette expédition. Les jeunes gens dans les lieux d'exercice, et les veillards dans leurs boutiques et dans les endroits où ils s'assemblaient pour causer, ne s'occupaient qu'à tracer la figure de la Sicile, et qu'à s'entretenir de la nature et de la qualité de la mer dont cette île est environnée, de la bonté de ses ports, et des plages qu'elle a du côté de l'Afrique : car, infatués par les discours d'Alcibiade, ils comptaient comme lui ne faire de la Sicile que leur place d'armes et leur arsenal, d'où ils partiraient pour aller conquérir Carthage, et se rendre maîtres de toute l'Afrique et de la mer jusqu'aux colonnes d'Hercule.

On dit que Socrate et Méton l'astronome ne se promettaient rien de bon de cette entreprise : l'un, inspiré, comme il voulait le faire croire, par son esprit familier, qui ne manquait jamais de l'avertir des malheurs dont il était menacé; et l'autre, conduit par sa raison et son bon sens, qui, lui montrant dans l'avenir ce qu'il avait à craindre, le porta à contrefaire le fou et à demander que, vu l'état malheureux où il se trouvait, on lui laissât son fils, et qu'on le dispensât de porter les armes.

§ VI. Avant que d'entrer dans la description de la guerre de Sicile, il ne sera pas hors de propos de tracer un plan du pays et des peuples qui l'habitent : c'est par où Thucydide commence.

Les Lestrigons et les Cyclopes l'ont habitée les premiers, mais on n'en connaît que ce qu'en disent les poètes.

Les plus anciens après eux sont les Sicaniens, qui se disaient naturels du pays, mais qu'on croit y être venus d'Espagne, des environs d'un fleuve nommé *Sicanus*, dont ils donnèrent le nom à l'île, appelée auparavant *Trinacrie* : ils furent depuis réduits à l'occident de l'île. Quelques Troyens, après l'embrasement de Troie, s'y virent établir près d'eux, et bâtirent Éryx et Égeste, prenant tous ensemble le nom d'*Élymes* ; et quelques habitans de la Phocide, au retour du siège de Troie, se joignirent à eux. Ceux qu'on nomme proprement *Siciliens* vinrent d'Italie en grand nombre, et, ayant remporté une grande victoire sur les Sicaniens, les renfermèrent en un coin de l'île environ trois cents ans avant la venue des Grecs, et du temps de Thucydide ils habitaient encore le milieu des terres et le côté septentrional. C'est d'eux que l'île fut appelée *la Sicile*. Les Phéniciens se répandirent aussi le long de la côte pour la commodité du commerce, et dans les petites îles qui la bordent : mais depuis que les Grecs commencèrent à s'y établir, ils se retirèrent dans la contrée des Élymes pour être plus voisins de Carthage, et abandonnèrent le le reste. C'est ainsi que les barbares se sont établis en Sicile.

(Avant J.—C. 710.) Pour les Grecs, les premiers qui passèrent furent les Chalcidiens de l'Eubée, sous la conduite de Théoclès, qui fonda Naxe. L'année d'après, qui, selon Denys d'Halicarnasse, était la 3e de la 17e olympiade, Archias, Corinthien, fonda Syracuse. Au bout de sept ans, les Chalcidiens établirent Léonte et Catane, après avoir chassé les habitans du pays, qui étaient les Siciliens. D'autres Grecs, partis de Mégare, ville d'Achaïe, à peu près dans le même temps, fondèrent Mégare appelée *Hybléenne*, ou simplement *Hybla*, du nom d'Hyblon, un roi de Sicile, qui leur avait donné retraite dans ses terres. On sait combien le miel d'Hybla était renommé chez les anciens. Les habitans de cette ville, cent ans après, bâtirent Sélinonte. Gèle, bâtie sur un fleuve du même nom, quarante-cinq ans après la fondation de Syracuse, fonda elle-même Agrigente environ cent huit ans depuis. Zancle, nommée depuis *Messana* ou *Messène* par Anaxilas, tyran de Rhège, qui était de Messène, ville du Péloponèse, eut divers fondateurs, et en différens temps. Les Zancliens bâtirent la ville d'Himère ; les Syra-

cusains, Acre, Casmène et Camarine. Voilà
à peu près toutes les nations, tant grecques que barbares, qui ont pris des établissemens en Sicile.

§ VII. (Av. J.-C. 416.) Athènes était
dans la disposition que nous avons marquée
ci-devant, lorsqu'il y arriva des ambassadeurs des Egestains, lesquels, en qualité de
leurs alliés, venaient implorer leurs secours contre ceux de Sélinonte, que Syracuse soutenait. C'était la seizième année
de la guerre du Péloponèse. Ils représen-
taient entre autres choses que, si on les
abandonnait, les Syracusains, après s'être
emparés de leur ville comme ils avaient fait
de celle de Léonte, se rendraient maîtres
de toute la Sicile, et ne manqueraient pas
de secourir les Péloponésiens, qui étaient
leurs fondateurs; et, afin de leur être moins
à charge, ils offraient de payer les troupes
qu'on y enverrait. Les Athéniens, qui depuis long-temps n'attendaient qu'une occasion favorable pour se déclarer, dépêchèrent
à Egeste pour s'informer de l'état des choses, et pour voir s'il y avait assez d'argent
dans l'épargne pour soutenir une si grande
guerre. Les habitans de cette ville avaient eu

l'adresse d'emprunter aux peuples voisins un grand nombre de vases d'or et d'argent, qui montaient à des sommes immenses, et ils en firent parade quand les Athéniens furent arrivés.

[Av. J.-C. 415.] Ces députés revinrent avec ceux d'Égeste, qui apportaient soixante talens en lingots pour le paiement d'un mois de soixante galères qu'ils demandaient, avec assurance de plus grandes sommes qui étaient toutes prêtes, à ce qu'ils disaient, tant dans le trésor public que dans les temples. Le peuple, touché de ces belles apparences, dont il ne se laissa point le temps d'approfondir la vérité, et séduit par le rapport avantageux que lui firent ses députés dans la vue de lui plaire, accorda sur-le-champ aux Égestains leur demande, et nomma Alcibiade, Nicias et Lamachus pour commander la flotte, avec plein pouvoir, non-seulement de secourir Égeste et de rétablir Léonte, mais d'ordonner des affaires de la Sicile conformément aux intérêts de la république.

Nicias fut nommé un des généraux malgré lui : car, sans compter les autres raisons qui lui faisaient craindre cet emploi, il le fuyait à cause d'Alcibiade qu'on lui donnait pour collègue. Mais les Athéniens se promettaient un plus heureux succès de cette guerre, s'ils n'en abandonnaient pas la conduite à Alcibiade seul, et s'ils tempéraient son ardeur et son audace par la sagesse et le flegme de Nicias.

Cinq jours après, pour hâter l'exécution du décret et pourvoir à tout ce qui était nécessaire, il se tint une seconde assemblée. Nicias, qui avait eu tout le loisir de faire de mûres réflexions sur l'affaire proposée, et qui en sentait de plus en plus les dangers et les inconvéniens, se crut obligé en cette occasion de parler avec quelque force contre un projet dont il prévoyait que les suites pouvaient être très funestes pour la république. Il dit « qu'il était étonnant qu'une affaire de l'importance dont était celle-ci eût été presque aussitôt décidée que mise en délibération ; que, sans rien examiner, ni rien approfondir, on en croyait sur leur parole des étrangers à qui les promesses les plus magnifiques ne coûtaient rien, et qui avaient intérêt de tout promettre pour se tirer du péril où ils étaient.

Quelle utilité après tout peut-il en revenir à la république? Est-ce que nous n'avons pas assez d'ennemis près de nous sans en aller chercher au loin? Est-il de votre sagesse de hasarder ce que vous possédez, sur l'espérance d'un avantage incertain? de songer à faire de nouvelles conquêtes avant que d'avoir assuré les anciennes? de ne vous occuper que de votre agrandissement, et de négliger absolument le soin de votre propre sûreté? Pouvez-vous compter sur une trève que vous savez ne tenir à rien, à laquelle vous ne pouvez nous dissimuler qu'on a déja donné plusieurs atteintes, et que le moindre échec reçu de notre part peut changer tout d'un coup en une guerre déclarée? Vous n'ignorez pas quelle a toujours été et quelle est encore la disposition des Lacédémoniens à notre égard. Ils abhorrent notre gouvernement comme contraire au leur; ils voient avec douleur et dépit l'empire de la Grèce entre nos mains, ils regardent notre gloire comme un sujet de honte et de confusion pour eux, et il n'y a rien qu'ils ne soient prêts à faire pour humilier et abaisser une puissance qui leur fait ombrage et les tient toujours dans la crainte. Voilà quels sont nos véritables ennemis, voilà contre qui nous devons être en garde. Sera-t-il temps de faire ces réflexions lorsque, après avoir partagé nos troupes, et pendant que nous serons occupés ailleurs et hors d'état de leur résister, toutes les forces du Péloponèse viendront fondre sur nous? A peine commençons-nous à respirer des maux infinis que la guerre et la peste nous ont causés, et voilà que sans nécessité nous nous jetons nous-mêmes dans un péril encore plus grand. Si nous voulons porter nos armes au loin, ne serait-il pas plus expédient d'aller réduire les rebelles de Thrace, et d'autres encore qui sont chancelans et mal assurés dans leur devoir, que de courir au secours des Egestains, qui nous doivent être assez indiférens? et nous convient-il d'entreprendre la vengeance de leurs injures tandis que nous ne témoignons aucun ressentiment des nôtres? Laissons les Siciliens dans leur île vider entre eux leurs querelles sans nous y embarrasser. Que les Egestains se tirent sans nous d'une guerre qu'ils ont entreprise sans nous. Que si quelqu'un de vos généraux vous conseille cette entreprise par ambition ou par intérêt pour faire parade de ses magnifiques équipages, ou pour trouver de quoi fournir à ses dépenses, ne soyez pas assez imprudens pour sacrifier les intérêts de la république aux siens, ou pour souffrir qu'il la ruine en se ruinant lui-même. Cette entreprise est trop grande pour la remettre à la conduite d'un jeune homme. Souvenez-vous que c'est la prudence qui fait réussir les affaires, et non la passion. » Enfin il conclut en déclarant que son avis était de remettre de nouveau l'affaire en délibération, pour prévenir les suites funestes d'un conseil précipité.

Il était bien clair qu'il en voulait à Alcibiade, et que c'était son luxe énorme qu'il avait attaqué. En effet il le poussait à un excès incroyable, et faisait des dépenpenses infinies, tant en chevaux qu'en meubles et en équipages, sans parler de la délicatesse et de la somptuosité de sa table. Il disputa le prix aux jeux olympiques avec sept atelages de chariots, ce qu'aucun particulier n'avait jamais fait avant lui; et il y fut couronné plus d'une fois. Il avait besoin de ressources extraor-

dinaires pour soutenir un tel luxe; et
comme l'avarice en est souvent une pour
l'ambition, ce n'était point sans fonde-
ment qu'on le soupçonnait de chercher
dans la conquête de la Sicile et dans celle
de Carthage, qu'il prétendait lui faire succéder, autant à enrichir sa famille qu'à la
couvrir de gloire. On juge bien qu'il ne
laissa pas le discours de Nicias sans réplique.

« Ce n'est pas d'aujourd'hui, dit-il, que
le mérite a excité la jalousie, et que la
gloire a fait des envieux. On me fait un
crime, j'ose le dire, de ce qui fait honneur
à ma patrie, et de ce qui devrait m'attirer
des louanges. L'état dans lequel je vis, les
dépenses que je fais, surtout dans les assemblées publiques, outre qu'elles sont
justes et légitimes, relèvent la gloire d'A-
thènes dans l'esprit des étrangers, et font
voir qu'elle n'est point épuisée d'argent
comme nos ennemis se l'imaginent. Mais ce
n'est point de quoi il s'agit maintenant.
Qu'on juge de moi par mes actions, et non
par d'injurieux préjugés. Est-ce un petit
service que celui que j'ai rendu à la république en faisant entrer dans son alliance

en un seul jour les Eléens, les Matinéens, les Argiens, c'est-à-dire les principales forces du Péloponèse? Servez-vous donc de la jeunesse et de la folie d'Alcibiade, puisque ses ennemis la nomment ainsi, aussi bien que de la sagesse et de l'expérience de Nicias, pour l'agrandissement de votre empire, sans vous repentir, sur de vaines craintes, d'une entreprise publiquement résolue, qui peut vous être d'une gloire et d'une utilité infinies. Les villes de Sicile, lasses du gouvernement injuste et cruel de leurs princes, et encore plus de l'autorité tyrannique que Syracuse exerce sur elles, n'attendent qu'un moment favorable pour éclater, et sont prêtes à ouvrir leurs portes à quiconque s'offrira pour rompre le joug sous lequel elles gémissent depuis long-temps. Quand les Egestains, comme vos alliés, n'auraient pas droit à votre protection, la gloire d'Athènes devrait vous engager à les soutenir. C'est en secourant les opprimés que les états s'agrandissent, et non en demeurant oisifs. Dans la conjoncture où vous vous trouvez, harceler les uns, arrêter les autres, donner de l'occupation à tous, et porter au loin vos

armes, c'est l'unique moyen d'abattre le
courage de vos ennemis et de montrer que
vous ne les craignez point. Athènes n'est
point née pour le repos, et ce n'est point
par cette voie que nos ancêtres l'ont portée
au point de grandeur où nous la voyons.
Au reste, que hasardez-vous dans l'entreprise dont il s'agit? Si elle réussit, elle vous
rendra maîtres de toute la Grèce; et si le
succès ne répond pas à vos desirs, votre
flotte vous laissera la liberté de vous retirer
quand il vous plaira. Il est vrai que les
Lacédémoniens peuvent entrer dans notre
pays : mais, outre que nous ne saurions
l'empêcher quand nous n'irions pas en Sicile, nous demeurerons toujours, malgré
eux, maîtres de la mer; et c'est ce qui ôte à
nos ennemis toute espérance de pouvoir
jamais nous vaincre. Que les raisons de
Nicias ne vous touchent donc point. Elles
ne tendent qu'à semer de la division entre
les jeunes gens et les vieillards, qui ne
peuvent rien les uns sans les autres : puisque c'est de la prudence et du courage, du
conseil et de l'exécution que dépend le
succès de toutes les entreprises, celle-ci ne
peut tourner qu'à votre gloire et à votre
avantage. »

Les Athéniens, qui se trouvaient agréablement flattés par le discours d'Alcibiade, persistèrent dans leur premier avis. Nicias, de son côté, n'en changea pas non plus, mais il n'osa point insister davantage. Son caractère était naturellement doux et timide. Il n'avait point, comme Périclès, cette éloquence vive et véhémente qui abat, qui renverse, qui entraîne tout : aussi celui-ci, en plusieurs occasions et à différentes reprises, était toujours venu à bout d'arrêter la fougue du peuple qui avait dès lors en tête l'expédition de Sicile, parce qu'il tint toujours ferme, et ne relâcha jamais les rênes de cette autorité et de cette espèce d'empire qu'il avait su prendre sur les esprits; au lieu que Nicias, parce qu'il agissait et parlait mollement, loin d'attirer à lui le peuple, se laissa entraîner lui-même par force, à la vérité, et malgré lui; mais enfin il se rendit et accepta le commandement dans une guerre dont il prévoyait toutes les suites funestes.

C'est Plutarque qui fait cette réflexion dans le beau traité où, parlant des qualités que doit avoir un homme d'état, et qui

est appelé au gouvernement, il montre
combien le talent de la parole et la fermeté
d'ame lui sont nécessaires.

Nicias, n'osant donc plus combattre de
front Alcibiade, essaya de le faire par une
voie indirecte, en y opposant beaucoup
de difficultés, tirées surtout de la grandeur des dépenses nécessaires pour cette
expédition. Il représenta que, puisqu'on
était déterminé à la guerre, il fallait la
faire d'une manière qui répondît à la haute
réputation d'Athènes : qu'une armée de
mer ne suffisait pas contre une puissance
aussi formidable que celle des Syracusains
et de leurs alliés : qu'il en fallait une de
terre, composée d'une bonne infanterie
et d'une bonne cavalerie, si l'on voulait
agir d'une manière digne d'un si grand
dessein : qu'outre la flotte qui devait les
rendre maîtres de la mer, il fallait avoir
un grand nombre de vaisseaux pour porter continuellement des vivres à l'armée,
qui ne pouvait subsister autrement dans
un pays ennemi : qu'il était nécessaire de
porter avec soi beaucoup d'argent, sans
s'attendre à celui des Égestains, qui peut-
être n'était prêt qu'en paroles, et pour-

rait bien leur manquer : qu'il fallait faire
réflexion sur la différence qui se trouverait entre eux et leurs ennemis pour les
commodités et les besoins de l'armée, les
Syracusains étant dans leur pays, au milieu d'alliés puissans, disposés par leur
inclination et engagés par leur intérêt à les
aider d'hommes, d'armes, de chevaux,
de vivres ; au lieu que les Athéniens fe-
raient la guerre dans un pays éloigné et
ennemi, d'où en hiver ils ne pourraient
recevoir des nouvelles qu'au bout de quatre mois, où tout leur serait contraire, et
où ils ne pourraient rien avoir qu'à la
pointe de l'épée : qu'il serait honteux aux
Athéniens d'être obligés de quitter leur entreprise, et de s'exposer au mépris et à la
risée des ennemis, faute d'avoir pris d'a-
bord les précautions que demandait un
projet si important : que, pour lui, il
était déterminé à ne point partir s'il n'était
muni de tout ce qui était nécessaire, parce
que de là dépendait le salut de toute l'armée, et qu'il ne voulait point le faire dé-
pendre du caprice ou de la mauvaise foi
des alliés.

Il avait prétendu par ce discours ralentir l'ardeur du peuple, il ne fit que l'augmenter. On décerna sur-le-champ plein pouvoir aux généraux de lever autant de troupes et d'équiper autant de galères qu'ils le jugeraient à propos, et l'on travailla aussitôt à l'exécution, tant à Athènes qu'ailleurs, avec une activité et un empressement qui ne se puvent exprimer.

§ VIII. [Av. J.-C. 415.] Quand tout fut prêt pour le départ, et qu'on appareillait déja pour faire voile, il arriva plusieurs signes tristes et de mauvais augure, qui jetèrent du trouble et de l'inquiétude dans les esprits. Les femmes célébraient alors les fêtes d'Adonis *, pendant lesquelles toute la ville était en deuil, pleine d'images de mort et de convois funèbres, et retentissait des cris et des gémissemens des femmes qui les suivaient en se lamentant; ce qui fit craindre que cet armement si brillant et si magnifique ne perdît bientôt tout cet éclat, et ne se flétrît comme une fleur *.

* Cette superstition avait pénétré jusqu'au peuple de Dieu. « Et ecce ibi mulieres sedebant, plangentes Adonidem. » (Ezech. VIII, 14.)

** L'historien fait allusion aux plantes et aux fleurs qu'on portait dans cette cérémonie, et que l'on appelait *les jardins d'Adonis*.

L'inquiétude fut encore augmentée par un autre accident. Toutes les statues de Mercure qu'on voyait de forme carrée à l'entrée des maisons et des temples se trouvèrent mutilées en une nuit, et particulièrement au visage, sans qu'on pût découvrir l'auteur de ce coup hardi, quoiqu'on promît de grandes récompenses à quiconque le dénoncerait. On ne put s'empêcher de prendre un évènement si extraordinaire, non-seulement pour un sinistre présage, mais encore pour un complot de factieux qui avaient de mauvais desseins. Des jeunes gens furent accusés d'avoir déja fait quelque chose de semblable dans une partie de débauche, et d'avoir contrefait en particulier les mystéres de Cérès et de Proserpine, ayant à leur tête Alcibiade, qui représentait le grand-prêtre. Il est d'une grande importance pour tous ceux qui sont en place et en autorité de s'observer en tout, et de ne donner aucune prise sur eux à la critique la plus maligne. Ils doivent se souvenir, dit Plutarque, que tous les yeux sont ouverts sur leur conduite, et toujours très clairvoyans en ce point : qu'on n'examine

pas seulement leurs actions extérieures,
mais qu'on pénètre jusque dans l'intérieur
et dans les réduits les plus reculés de leur
maison pour y observer leurs conversations, leurs repas, leurs divertissemens,
et ce qui s'y passe de plus secret et de
plus caché. C'est cette crainte des yeux
perçans du peuple qui tenait Thémistocle
et Périclès dans une circonspection con-
tinuelle, et qui les obligeait à s'interdire
la plupart des plaisirs que les autres s'ac-
cordaient.

Pour Alcibiade, il ne savait ce que c'é-
tait que de se contraindre. Aussi, comme
on le connaissait, on n'eut pas de peine à
croire qu'il pouvait bien avoir eu quelque
part à ce qui venait d'arriver. Son luxe,
son libertinage, son irréligion, donnaient
beaucoup de vraisemblance à cette accusation, et son dénonciateur ne craignit
point de se nommer. La constance d'Alcibiade ne laissa pas d'être ébranlée par
ce coup : mais voyant que les soldats et
les matelots déclaraient qu'ils n'allaient à
cette guerre si éloignée et à cette expédition d'outre-mer que pour l'amour d'Alcibiade, et que si on lui faisait le moindre

tort, ils se retireraient sur l'heure même, il reprit courage et se présenta à jour nommé pour se défendre. Ses ennemis, sous prétexte que le départ de la flotte pressait, firent surseoir le jugement. Il eut beau demander qu'on lui fît son procès s'il était coupable, sans attendre qu'il fût absent pour le perdre, et représenter qu'il y avait une dureté et une injustice criantes à l'obliger de partir pour une guerre si importante sans éclaircir des accusations et des calomnies si atroces, qui le tiendraient dans des inquiétudes et dans des craintes continuelles; il ne put rien obtenir du peuple, et le départ fut ordonné.

L'armée se prépara donc à mettre à la voile, après avoir donné le rendez-vous à Corcyre à la plupart des alliés et des vaisseaux qui portaient les vivres et les équipages. Tout ce qu'il y avait de citoyens ou d'étrangers à Athènes se rendit dès le point du jour au port du Pirée. Les premiers conduisaient leurs enfans, leurs parens, leurs amis, leurs camarades, avec une joie mêlée de quelque tristesse, voyant partir pour une expédition éloignée et

pleine de périls ce qu'ils avaient de plus
cher au monde, sans savoir si jamais ils
les reverraient, mais cependant pleins
d'espérance que cette expédition aurait
un succès heureux. Les étrangers étaient
accourus pour jouir d'un spectacle bien
digne de leur curiosité; car jamais appareil de guerre d'une seule ville n'avait
approché de celui-ci. Les armées navales
qu'on envoya contre Épidaure et contre
Potidée étaient bien aussi grandes pour
le nombre des soldats et des navires; mais
elles n'étaient pas si magnifiques, ni le
voyage si grand, ni l'entreprise si importante. On voyait ici deux armées, l'une
de terre et l'autre de mer, équipées avec
grand soin, aux dépens des particuliers
et du public, de tout ce qui leur était
nécessaire, à cause de la longueur du chemin et de la durée de la guerre. Il y avait
cent galères que la ville fournissait vides,
savoir soixante légères, et quarante pour
porter les soldats pesamment armés. Chaque homme de mer recevait par jour une
dragme de paie, c'est-à-dire dix sous,
sans ce que les capitaines de navires donnaient en particulier aux rameurs du pre-

mier rang *. Ajoutez à cela la pompe et la magnificence de l'appareil, où ils avaient essayé à l'envi de se surpasser les uns les autres, et le soin que chacun avait pris de rendre son vaisseau le plus léger aussi bien que le plus leste. Je ne parle point du choix des soldats, qui étaient l'élite d'Athènes, ni de leur émulation pour ce qui concernait la beauté des armes et de l'équipage, non plus que de celle des officiers, qui avaient fait une dépense considérable pour se distinguer des autres et se faire valoir dans l'esprit des étrangers : de sorte que ce spectacle ressemblait plutôt à un tournoi où l'on étale tout ce qu'il y a de plus magnifique qu'à une expédition de guerre et à un appareil militaire ; mais la hardiesse et la grandeur du dessein en surpassaient encore les frais et de pompe.

Quand les vaisseaux furent chargés et les troupes embarquées, la trompette ayant sonné, on fit des vœux solennels pour le départ ; on emplit partout des coupes d'or et d'argent, on fit les effusions accoutumées,

* Ils avaient des rames plus longues, et par conséquent plus de peine à ramer que les autres.

avec les acclamations du peuple qui bordait le rivage, et qui levait les mains vers le ciel pour souhaiter à leurs concitoyens un voyage heureux et un succès favorable. Après l'hymne chantée et les cérémonies achevées, les vaisseaux défilèrent, l'un après l'autre du port, puis essayèrent à l'envi de se devancer, jusqu'à ce que toute la flotte se réunît à Egine : de là on tira vers Corcyre, où l'armée des alliés s'assemblait avec le reste des navires.

§ IX. Cette nouvelle ayant été portée de tous côtés à Syracuse, on n'en voulut rien croire d'abord, tant la chose paraissait hors de toute vraisemblance; mais comme elle se confirmait de jour à autre, on songea sérieusement aux préparatifs de la guerre, et l'on dépêcha par toute l'île pour demander du secours aux uns et en porter aux autres. On mit aussi garnison dans les châteaux et dans les forts qui étaient à la campagne, on fit la revue tant des chevaux que des soldats, on examina ce qu'il y avait d'armes dans les magasins, et l'on donna ordre à tout, comme si l'ennemi eût été présent.

Cependant la flotte, partagée en trois

escadrés, chacune sous son général, mit à la voile. Elle était composée de cent trente-six vaisseaux, dont cent étaient d'Athènes, et le reste des alliés. Il y avait sur ces vaisseaux cinq mille soldats pesamment armés, dont deux mille deux cents étaient citoyens d'Athènes, savoir quinze cents du nombre de ceux qui avaient des biens en fonds, et sept cents qui n'en avaient point, mais qui étaient également citoyens : les alliés composaient le reste. Pour l'infanterie légère, il y avait quatre-vingts archers de Crète avec quatre cents autres, sept cents frondeurs de Rhodes, et six-vingts, bannis de Mégare. Il n'y avait qu'une compagnie de cavalerie de trente maîtres, qui s'était embarquée sur un vaisseau propre à porter des chevaux. La flotte et les troupes furent beaucoup augmentées dans la suite. Trente vaisseaux menaient les vivres et ceux qui avaient soin de les apprêter, avec des maçons, des charpentiers, et des outils; le tout suivi de cent barques pour le service, sans compter les vaisseaux marchands, qui étaient en grand nombre. Tout cela partit ensemble de Corcyre.

Ayant été assez mal reçus par ceux de
Tarente et de Locres, ils cinglèrent vers
Rhège, où ils s'arrêtèrent quelque temps.
Les Athéniens pressaient ceux de Rhège
de secourir les Léontins, originaires
comme eux de Chalcis, mais ils répondirent qu'ils demeureraient neutres, et
n'agiraient que de concert avec le reste
de l'Italie. Là on délibéra sur la manière
dont il fallait conduire cette guerre, et
l'on y attendit les vaiseaux qu'on avait
envoyés à la découverte pour savoir où l'on
pourrait aborder, et si l'argent des Egestains était prêt. Etant de retour, ils rap-
portèrent qu'il n'y avait que trente talens
dans l'épargne. Nicias l'avait bien prévu,
mais il avait trouvé les oreilles fermées à
tous les salutaires conseils.

Il ne manqua pas, sur cette nouvelle,
de faire valoir ses anciens raisonnemens,
de montrer le tort qu'on avait eu de s'em-
barquer dans cette guerre, et d'exagérer
les suites funestes qu'on en devait attendre : en quoi il se conduisait en homme
peu sage et peu sensé. Il avait eu grande
raison de s'y opposer d'abord, et de faire
tous ses efforts pour rompre ce malheu-

reux projet ; mais la chose ayant été résolue, et lui-même ayant été contraint d'accepter ce commandement , il ne convenait point de tourner toujours la tête en arrière en répétant sans cesse que cette guerre avait été entreprise contre toutes les règles de la prudence , et de refoidir par là les deux autres généraux , d'abattre le courage des troupes , et d'émousser cette pointe de confiance et d'ardeur qui assure le succès des grandes actions. Il fallait marcher avec courage contre l'ennemi , le presser vivement, et jeter partout l'épouvante par une attaque subite et inopinée.

Mais il fit tout le contraire. Son avis, dans le conseil de guerre , fut qu'on devait tirer vers Sélinonte, qui était le premier sujet de voyage ; et , si les Egestains s'acquittaient de leur promesse et payaient une montre à l'armée, passer outre ; sinon les obliger à fournir la subsistance de soixante galères qu'ils avaient demandées, et demeurer là jusqu'à ce qu'on eût fait leur accord avec les Sélinontains, soit par force ou autrement. Il disait qu'ensuite on retournerait à Athènes après avoir fait

montre de leurs forces, et de l'assistance
qu'on donnait à ses alliés, si ce n'était
qu'il se présentât une occasion de faire
quelque chose pour les Léontins, ou d'attirer quelques villes à leur parti.

Alcibiade répliqua qu'il serait honteux,
après un si grand armement, de s'en re-
tourner sans rien faire, et qu'il fallait essayer auparavant de gagner l'alliance des
Grecs et des barbares pour les détacher
de Syracuse, et en tirer des troupes et
des vivres, et surtout députer à Messine,
qui était comme la clef de la Sicile, et
dont le port était capable de contenir
toute la flotte. Il disait que, après avoir
reconnu les amis et les ennemis, et s'être
fortifié d'un nouveau secours, on atta-
querait Sélinonte ou Syracuse, si l'une ne
voulait s'accommoder avec Egeste, et
l'autre souffrir le rétablissement de Léonte.

Lamachus ouvrit un troisième avis, qui
n'était peut-être pas le moins sage : c'é-
tait d'aller droit à Syracuse, sans lui
donner le loisir de revenir de l'étonne-
ment où elle était, ni de se préparer à la défense. Il disait que le premier abord d'une
armée était toujours le plus terrible, et qu'en

laissant à l'ennemi le temps de se reconnaître, on lui donnait aussi celui de se rassurer; au lieu qu'en l'attaquant brusquement
et pendant qu'il était encore déconcerté, on
était presque sûr de la victoire : que, s'é-
tant rendus maîtres du plat pays, ils ne
manqueraient de rien, et contraindraient les
Siciliens à prendre parti : qu'enfin ils s'éta-
bliraient à Mégare, qui était déserte et voisine de Syracuse, et y mettraient leur flotte
en sûreté. Mais son avis n'étant pas suivi,
il revint à celui d'Alcibiade. Ainsi l'on fit
voile pour la Sicile, où Alcibiade se rendit
maître de Catane par surprise.

§ X. Ce fut là le premier et le dernier
exploit qu'il fit dans cette expédition, ayant
été d'abord rappelé par les Athéniens pour
être jugé sur l'accusation qu'on avait in-
tentée contre lui; car, depuis le départ de
l'armée, ses ennemis, qui se souciaient
peu du bien et du salut de la patrie, et
qui, sous prétexte de zèle de religion, qui
couvre souvent les plus noirs attentats, ne
songeaient qu'à satisfaire leur haine et
leur vengeance; ses ennemis, dis-je, profitant de son absence, avaient poussé l'affaire plus vivement que jamais. Tous ceux

qu'on dénonça furent mis en prison sans qu'on daignât seulement les entendre, et sur la déposition des citoyens les plus décriés pour leurs mœurs, comme si, dit Thucydide, il y eût eu moins de mal à punir les innocens qu'à laisser échapper les coupables. Un des délateurs fut convaincu de faux par ses propres paroles, ayant assuré qu'il avait reconnu un des accusés au clair de la lune, lorsqu'il n'y en avait point. Cette fausseté ne ralentit point la fureur du peuple. Le souvenir de la tyrannie des Pisistratides lui en faisait appréhender une pareille ; et, prévenu de cette crainte, il n'écoutait rien.

Il envoya donc enfin le vaisseau de Salamine *, avec ordre au commandant de ne point emmener par force Alcibiade, de peur de quelque tumulte dans l'armée, mais de lui ordonner seulement qu'il se vînt présenter à Athènes pour adoucir le peuple. Alcibiade obéit sur-le-champ, et partit sur sa galère ; mais dès qu'il fut arrivé à Thurium, et qu'il eut mis pied à terre, il disparut, et éluda toutes les pour-

* C'était un vaisseau sacré, destiné pour amener les coupables.

suites de ceux qui le cherchèrent. Comme on lui demandait s'il ne se fiait pas à sa patrie sur le jugement qu'elle devait rendre à son sujet : « Je ne me fierais pas à ma mère même, dit-il, dans la crainte que par mégarde elle ne prît une fève noire * pour une blanche. » La galère de Salamine revint seule, le commandant étant tout honteux d'avoir laissé ainsi échapper sa proie. Alcibiade fut condamné à mort par contumace. Tous ses biens furent confisqués, et il fut enjoint à tous les prêtres et à toutes les prêtresses de le maudire. Parmi ces dernières il s'en trouva une, nommée Théano, qui eut seule le courage de s'opposer à ce décret, disant qu'elle était prêtresse pour bénir, et non pas pour maudire. Quelque temps après, comme on lui porta la nouvelle que les Athéniens l'avaient condamné à mort : « Je leur ferai bien voir, dit-il, que je suis en vie. »

Ce fut à peu près dans ce temps-là qu'arriva à Athènes l'affaire de Diagore le Mélien. Il était venu s'établir dans cette ville,

---

* Les juges se servaient de fèves pour donner leur suffrage, et la noire marquait qu'ils condamnaient.

et il se mit à y enseigner l'athéisme. On lui intenta procès sur sa mauvaise doctrine. Il se sauva par la fuite, et évita le supplice; mais il ne put éviter la flétrissure de la sentence qui le condamnait à mort. Les Athéniens eurent tant d'horreur pour les principes impies qu'il débitait, qu'ils allèrent jusqu'à mettre sa tête à prix, et à promettre un talent de récompense pour celui qui le leur livrerait mort ou vif.

Environ vingt ans auparavant, on avait déja fait une affaire toute pareille à Protagore, pour avoir simplement traité la matière de problématique. Il avait dit au commencement d'un de ses livres : « Si les dieux existent ou n'existent pas, c'est une question où je ne sais si je dois prendre l'affirmative ou la négative. Pour éclaircir une question si épineuse, notre entendement est trop aveugle et la vie humaine trop courte. » Les Athéniens ne purent souffrir qu'on mît en doute une chose de cette nature. Ils firent proclamer par le crieur public que tous ceux qui avaient des exemplaires de cet ouvrage les apportassent au magistrat. On les fit brûler comme infâmes et impies, et l'auteur fut banni de l'état à perpétuité.

Diagore et Protagore avaient été disciples de Démocrite, l'inventeur de la philosophie des atomes. J'en parlerai ailleurs.

Depuis le départ d'Alcibiade, toute l'autorité se trouva entre les mains de Nicias; car Lamachus, son collègue, quoique homme de courage et d'expérience, était sans crédit à cause de son extrême pauvreté, qui le rendit méprisable aux troupes. Les Athéniens n'avaient pas toujours pensé de la sorte, et nous avons vu qu'Aristide, tout pauvre qu'il était, n'en fut ni moins estimé ni moins respecté; mais dans cette dernière expédition un goût de luxe et de magnificence avait saisi tous les esprits, et l'estime des richesses en est une suite naturelle. Comme donc Nicias se trouva seul maître, tout se ressentit de son caractère de timidité et de lenteur, et il laissa tout languir, tantôt en se tenant en repos sans rien entreprendre, tantôt en ne faisant que tourner çà et là le long des côtes, tantôt en perdant le temps à consulter et à délibérer; ce qui dissipa bientôt d'un côté l'ardeur et la confiance que ses troupes avaient d'abord témoignées, et de l'autre la crainte et la frayeur dont les ennemis avaient été

saisis à la première vue d'un armement si
formidable. Il mit le siège devant Hybla,
qui n'était qu'une petite ville, et l'ayant
levé peu de jours après, il tomba lui-même
dans un très-grand mépris. Enfin il se retira à Catane sans avoir fait d'autre exploit
que de ruiner Hyccara, petit bourg des
barbares, d'où l'on dit qu'était la courtisane Laïs, qui, fort jeune encore alors, fut
vendue parmi les autres prisonniers et me-
née dans le Péloponèse.

Cependant Alcibiade, étant parti de
Thurium, arriva à Argos; et comme il renonçait entièrement à l'espérance d'être
rappelé dans sa patrie, il envoya demander aux Spartiates la permission de demeurer chez eux en toute sûreté, sous
leur protection et sauvegarde. Il leur donnait sa foi et sa parole que, s'ils voulaient
le regarder comme leur ami, il leur rendrait plus de services qu'il ne leur avait
causé de dommages pendant qu'il avait été
leur ennemi. Les Spartiates le reçurent à
bras ouverts. Quand il fut arrivé à Sparte,
il y eut bientôt gagné l'estime et l'affection
de tous les habitans. Il les charma tous et
les enchanta en se conformant en tout à

leur manière de vivre. Ceux qui voyaient qu'il se rasait jusqu'à la peau, qu'il se baignait dans l'eau froide, qu'il mangeait d'un gâteau fort pesant et fort grossier, dont l'usage était très commun parmi eux, et qu'il s'accomodait à merveille de leur sauce noire, ne pouvaient s'imaginer que ce même homme eût jamais eu chez lui de cuisinier, qu'il eût connu de parfumeur, qu'il eût porté de fines étoffes de Milet; en un mot, qu'il eût vécu jusque là dans les délices et dans la bonne chère. Cette souplesse était le caractère dominant d'Alcibiade. Véritable caméléon, il ne lui coûtait rien de prendre toutes sortes de couleurs et de formes pour se concilier ceux avec qui il avait à vivre. Il saisissait d'abord toutes leurs manières; il entrait dans tous leurs goûts, comme s'ils lui eussent été naturels; et quoique dans le fond il y sentît en lui-même une très grande répugnance, il savait la couvrir par un air aisé, simple, et qui paraissait sans contrainte. Avec les uns, il avait toutes les graces et tout l'enjouement de la jeunesse la plus gaie; avec d'autres, tout le sérieux de l'âge le plus grave. A Sparte, il était laborieux, frugal et austère; en Ionie, il n'aimait que la joie, la paresse et la volupté; en Thrace, il était toujours à cheval, ou passait les journées à boire; et lorsqu'il était avec le satrape Tissapherne, il surpassait en luxe et en dépense toute la magnificence des Perses.

Il ne se contenta pas de l'estime des Lacédémoniens. Il sut si bien gagner les bonnes graces de Timée, femme du roi Agis, qu'il en eut un fils, qu'on appelait en public *Léotychide*, mais que sa mère en particulier, parmi ses femmes et ses amies, ne rougissait point d'appeler *Alcibiade*, tant sa passion pour cet Athénien était violente. Agis n'ignora pas ce commerce, et il refusa de reconnaître Léotychide pour son fils, ce qui fut cause que dans la suite ce fils fut exclu du trône.

§ XI. Comme le siège de Syracuse est un des plus considérables dont il soit parlé dans l'histoire des Grecs, et dont j'ai cru par cette raison devoir marquer toutes les circonstances particulières, pour donner une idée de la manière dont les anciens faisaient les sièges, il m'a paru nécessaire, avant que d'entrer dans ce détail, de présenter ici aux yeux du lecteur une description et un plan de la ville de Syracuse, où il trouvera aussi les différends travaux dont il est parlé dans ce siège, tant de la part des Athéniens que de celle des assiégés.

Syracuse était située sur la côte orientale de Sicile. Sa vaste étendue, sa situation avantageuse, la commodité de son double port, ses fortifications construites avec grand soin, la multitude et la richesse de ses citoyens, la rendirent une des plus grandes, des plus belles et des plus puissantes villes grecques. On dit que l'air y était si pur et si net, qu'il n'y avait point de jour dans l'année, quelque nébuleux qu'il fût, où le soleil n'y parût.

(Av. J.-C. 709.) Elle fut fondée par Archias le Corinthien, un an après que le furent Naxe et Mégare, sur la même côte.

Lorsque les Athéniens en formèrent le siège, elle était composée de trois parties, qui sont l'île, l'Achradine, Tyque. Thucydide ne parle que de ces trois parties. On y en ajoute deux autres dans la suite, savoir : Néapolis et Epipole.

L'île, située au midi, était appelée Nasos, qui est le mot grec qui signifie île, mais prononcé selon le dialecte dorique, et Ortygie. Elle était jointe au continent par un pont. C'est dans cette île qu'on bâtit dans la suite le palais des rois et la citadelle. Cette partie de la ville était très importante, parce qu'elle pouvait rendre ceux qui la possédaient maîtres des deux ports qui l'environnent. C'est pour cela que les Romains, quand ils eurent pris Syracuse, ne permirent plus à aucun Syracusain de demeurer dans l'île.

Il y avait dans cette île une fontaine fort célèbre, qu'on nommait Aréthuse. Les anciens, ou plutôt les poètes, fondés sur des raisons qui sont sans aucune vraisemblance, ont supposé que l'Alphée, fleuve d'Elide dans le Péloponèse, conduisait ses eaux à travers ou sous les flots de la mer, sans jamais s'y mêler, jusqu'à la fontaine d'Aréthuse. C'est ce qui a donné lieu à ces vers de Virgile :

Exrtemum hunc, Arethusa, mihi concede laborem...

Sic tibi, quum fluctus subterlabère Sicanos,
Doris amara suam non intermisceat undam.

TABLE DES MATIÈRES

CONTENUES

DANS LE TOME NEUVIÈME.

LIVRE HUITIÈME.

FIN DE LA TABLE DU NEUVIÈME VOLUME.

www.ingramcontent.com/pod-product-compliance
Ingram Content Group UK Ltd.
Pitfield, Milton Keynes, MK11 3LW, UK
UKHW022212120726
13694UKWH00002B/520